高效管理

[美]乔纳森·莱蒙德（Jonathan Raymond）◎著　何正云◎译

北京联合出版公司
Beijing United Publishing Co.,Ltd.

图书在版编目（CIP）数据

高效管理 / (美) 乔纳森 · 莱蒙德著 ; 何正云译.
— 北京 : 北京联合出版公司, 2018.12（2021.12重印）
ISBN 978-7-5596-2783-4

Ⅰ. ①高… Ⅱ. ①乔… ②何… Ⅲ. ①企业管理
Ⅳ. ①F272

中国版本图书馆CIP数据核字（2018）第251045号

著作权合同登记号：01-2018-7280

Good Authority: How to Become the Leader Your Team Is Waiting For

Published by special arrangement with Ideapress Pubilishing in conjunction with their duly appointed agent 2 Seas Literary Agency and co-agent CA-LINK International LLC.

高效管理

著　　者：(美) 乔纳森 · 莱蒙德
译　　者：何正云
总 发 行：北京时代华语国际传媒股份有限公司
责任编辑：龚　将　夏应鹏
封面设计：红杉林文化
版式设计：胡玉冰
责任校对：韩　雨

北京联合出版公司出版
（北京市西城区德外大街83号楼9层　100088）
唐山富达印务有限公司印刷　新华书店经销
字数122千字　880毫米×1230毫米　1/32　7.5印张
2018年12月第1版　2021年12月第7次印刷
ISBN：978-7-5596-2783-4
定价：56.00元

如何成为你的团队所期盼的
好权威
领导者

乔纳森 · 莱蒙德

终其一生的特权

就是成为那个真正的你。

——荣格（C.G. Jung）

目 录
CONTENTS

第二部分　问责而不指责

第三部分　多点尤达，少点超人

优秀的权威宣言

优秀的权威就是……

1. 指出大部分人视而不见的问题的气质

2. 今天畅所欲言而不是空等明天的好心

3. 会见每一个处于转变过程中的人的耐心

4. 挑战他们再向前多迈一步的宽容

5. 在该问责的时候不接受道歉的决断

6. 提出自己不知道答案的问题的好奇

7. 反对随声附和并坚持找到正确答案的智慧

8. 只要能帮助一个人成长就不怕受人诟病的意愿

9. 与团队中所有人分享感受的坦荡

10. 等待别人自己发现真相的优点

11. 从来不用自己达不到的标准要求别人的正直

12. 尽管认为什么也改变不了还是说出自己真实感受的率真

13. 认为你能改变世界的豪气

14. 错得一塌糊涂而且明天又从头开始的谦恭

序

乔恩大战火山

家，是我向往的地方。

但是我认为已经在那儿了。

——传声头像乐队（Talking Heads）

那天似乎是火山徒步的绝好天气。但是，在我们吞下最后几口打包来的午饭时，天空突然间打开了泄洪的闸门。在过去几个小时里我们徒步攀缘而上的幽静便道刹那间变成为一条湍急的中美洲泥浆河。按理说，我们应该等到暴雨停了再返回住处。正常的情况下是应该等的。但我们当时28岁。所以，我们冲入了雨中。

这是开头很恐怖，但结尾很精彩的那样一种体验：只要你想着要控制它就很恐怖，当最终顺其自然的时候则很精彩。在最初的几分钟内反复滑倒几次之后，我找准了自己的步幅。如果我抬腿迈步的力度恰到好处，就可以让自己的脚停留在靠近流动的泥浆的表面，有点像冲浪般的行走。要是太用力，鞋子就会被这种黏性超乎想象的泥浆裹挟进去，鞋子被拔脱了好几次。我的旅伴们也发现了这个秘密。只有这一种办法能够奏效。随之而来的是，我身体上的屈从变成了心理上的。我的大脑被这种有节奏的单调动作释放出来，开始胡思乱想。我开始感觉到自己实际上处于多大的痛苦中。

痛苦不在我的腿上，而在我的生活里。这是 1999 年，我从法学院毕业一年之后。我进入首个真正的“职业生涯”一年的时间，正在曼哈顿一家大型的著名律师事务所里勤勤恳恳地努力着。我是在高薪厚利的诱惑下入行的。当我把第一个月的薪水支票传真给奶奶看时，她马上给我打来了电话，告诉我支票上的数字一定是写错了，提醒我不要吭声，希望写支票的人不要发现这个错误。

我很喜欢谈判、组织结构的智力挑战、高级金融业务以及向身居游戏最顶端的人学习的机会。但是，付出的代价高得离谱。我周围的所有人都很悲惨。角落上的独立办公室里坐着让人无法忍受的暴君。但是，就像我曾经经历过的所有行业一样，这个领域里也有很多有奉献精神的好人，他们尽自己的努力想让这个不良的环境尽可能好一点。

问题在于简直惨无人道：对领导地位的不现实的期望；一群本可以成为好朋友的人被迫相互竞争那一点有限的资源；混合了权力和无意识行为的毒液，让人们感觉自己无足轻重，不能发声，生存下去的唯一办法就是忍气吞声，逆来顺受。这是一项利润丰厚的生意，也是人性的重灾区。

从某种意义上说,法律事务所是一个极端的工作场所。但是，正如我将在接下来的几十年中慢慢发现的，在涉及真正有意义的事情时，比如人类生活的情感世界，它的代表性远远超出了我的想象。

但是，当我们从火山上滑下来的时候，我的生活经历还不足以让我认识到这一点。我当时拥有的经历要简单得多：我单身、工作压力大、整天愁眉苦脸。而且尽管我不是灵魂方面的权威（我们家的圣经是《纽约时报》），但是我很肯定我的灵魂动荡不安。在这个时刻，我意识到，继续在自己现在的这条道路上随波逐流不再是一个选项。我得离开。我还年轻，不用对自己的决定会带来什么结果有太多的顾虑。在这条小路上滑行到一半时，有句话脱口而出。

“我受够了！”我昂首向天，对着倾盆大雨大声呼喊。这是我自己的肖申克时刻（Shawshank moment）。我继续呼喊着激励自己的话语。“我不能再得过且过了，哪怕一天也不行。跟我一起工作的人都很可怜。而且没有人会为此做任何的事情。应该有一种更好的办法。我星期一上午上班的时候就去道格（Doug）的办公室，告诉他我两周后要辞职。”

转眼就到了周一的上午。我回到工作岗位，而且是时候把新发现的解决方案付诸测试了。辞职意味着要告诉我的这位“纽约百佳律师”（确实是个人物）的部门高级合伙人老板。他身材不高，威严得可怕，属于那种大喊大叫、狂野的拿破仑式的人物。他不算是我称为优秀的权威的那种老板。

我在他办公室前来来回回了三四次，就是鼓不起勇气，他的秘书盯着我，心里在想到底是怎么回事。最后，我终于敲响了他办公室虚掩着的门。“进来，”他说，用的是一种让我大吃一惊的友善语气，“我能为你做什么?”

“我决定离开事务所。”

说出这简单的 8 个字后，忽然之间我和他变得平等了。房间里就我们俩。我不再害怕。

“我工作得很不开心。我不清楚我生命中想要什么，但肯定不是现在的这种样子。”

“我们可以做些什么能让你回心转意的事情呢?”他有些好奇地问。他的这种好奇我以前还从来没有见到过。

“真没有。我很感激你能这么问，但现在是我离开的时候了。”

“你想好了接下来要做什么吗?”此刻，我知道他的思想大半已经移到了他当天的工作清单上的下一项工作了。

“我想去佛蒙特（Vermont）做一个星期的冥想静修。”

他在座椅上变换了一下姿势，我知道这个答案让他很不舒服。他讲了一个不好笑的笑话想要打破这个僵局，我礼貌地笑了笑，走出了他的办公室。那些顶礼膜拜的威严偶像在我们不再相信他们的时候就会轰然倒塌，这种感觉简直太奇妙了。这不是我会学到这种教训的最后一次机会。

我报名参加了为期 8 天的静修课程。自觉自愿。在登上北去佛蒙特的 I-91 客车，开始全程 4 小时的行程时，我认真地思考这个决定的意义。“乔纳森（Jonathan），你到底在想些什么?”我用另外一种不同的声音对自己小声地嘟哝，“回家吧。你不需要这样做。”我努力让自己留在车上。静修的 8 天，除了思想再没有别的任何东西,在这种残酷的折磨中,某种情况发生了。不是觉悟。

但那是一种重大的体验，一种对自我的体验。不是那个我想成为的人。不是那个我认为应该成为的人。没有谁是特殊的。就只是我，有血有肉，思想和情感起起落落。真的很美妙。在那一刻，我做了一个决定，一个在28岁失业而且单身的时候所能想到的最长远的决定。我要搭乘这趟自我发现的列车，让它把我带到尽可能远的地方。

我把接下来的这10年中最好的部分都花在了做这件事情上。我有赖以糊口的各种工作和投资。但内心一直在寻找。我继续参与更多的所需时间更长的静修。我遍访名山大川寻找智慧导师。我把家搬到了旧金山，对于一个来自纽约郊区的犹太孩子来说，这里就是所有神奇而新颖事物的圣地。我沉迷于替代医疗的世界中：学习成为瑜伽老师、参加身体心理疗法培训，并考虑回到学校去学习心理学的研究生课程。与朋友一起成立了一家非营利机构，教少管所的小孩冥想和学习专注。我坠入了爱河，拥有了生命中首次真正的长期恋爱关系。

在这个过程中，我发现了几件我真正擅长的而且能够成为事业的事情。但我还是无法摆脱那种感觉。也就是说，仍然还没有找到我确定会用自己毕生的精力去做的事情。结果证明，我根本不需要去找。它会来找我。

2011 年，我遇到一个让我无法拒绝的机会。我接任了 EMyth 的首席执行官，这是一家以畅销书起家的企业教练公司。公司老板决定把公司迁到俄勒冈州（Oregon）的阿什兰市，这个小镇位于我居住的旧金山与波特兰市之间。出任一家知名的企业教练公司的首席执行官，而且获得了重振公司文化，把公司引到新方向的授权，这种本该在大城市里才会有的机会，我根本没想到会在一个以每年的莎士比亚戏剧节而为人所知的小镇里出现。

刚开始的那几年真的很刺激，仿佛骑上了脱缰的野马。我仍然继续追求着自己个人的目标，但我正在进行的这个领导之旅太令人兴奋，简直令我无暇他顾。我拥有了一个在世人面前表达自己想法的平台，而且是那种我一直梦寐以求的类型。与我的联合经理人们，以及我们那个不大但全心奉献的团队一道，我们给公司来了一次彻底的脱胎换骨：从文化、品牌到技术流程以及其间的所有事情。团队的精神被激发起来了。品牌焕发了生机。我所看过的那些书籍的作者都说喜欢我写的东西以及所提及的那些新内容。企业转型领域的咨询师都对我们所做的改革赞誉有加。

但是存在一个错位。有个问题从一开始就存在了，但是站在源自于首席执行官头衔的奇怪立场上，我却一直没有留意到。我按照自己所知道的唯一的一种方式管理企业，高速发展而且没有任何规避风险的措施。但是，身处一个小镇，面临着一些非常实际的限制。我想要的速度和风险类型，超出了大部分移居到一个小镇里的人所想要的稳定和生活方式的范畴。大家确实受到了我们正在做的这些事情的激励，但我在想象里所领导的公司与现实中的公司并不是同一家。

生活会如何在你需要听到某种声音的时候把那种声音带给你，这难道不是很不可思议的吗？当我参加了一次大会，并倾听到两位企业愿景规划大师分享了他们有关走出首席执行官角色，为公司后面的领导人留出空间的故事后，对这个错位开始有了一些认识。这两位大师，一位是来自斯顿尼菲尔德农场（Stonyfield Farm）的加里•赫尔什伯格（Gary Hirshberg），另一位是来自 OtterBox 的科特•理查森（Curt Richardson）。我的下一步显而易见就是磨难了：那是对我的心肝宝贝不理不睬，并为其他人创造空间的时候。走出首席执行官的角色，成为支持者，这是这辈子发生在我身上的仅次于遇到我妻子的最佳美事。

在接下来的两年里，我经历了两种全新的独特体验，能有这种“好运”的企业领导真可谓凤毛麟角。首先是品尝到了自酿的苦酒。我亲眼看到了在自己打造的文化中，生活和工作是什么样子的：不现实的项目推进速度、我对风险的承受度并不被团队里的所有人接受、领导层会议中似乎很明确的方案，在执行的团队里仍然会造成不可避免的混乱。在我的新业务里，这一点是我们很想让首席执行官们了解的很多情况中的一种：来自顶层的一个主意如何给下面的团队衍生出 100 项工作，并以首席执行官们根本无法想象的方式让他们无所适从。

但是，第二种经历才真正让我深受打击。作为首席执行官，我跟大部分企业的经理人一样，极大地高估了指导对团队人员所起的作用。这是我在现在每天帮助世界各地的各种层级的经理的日常工作中反复看到的一种现象。经理们（包括我碰到过的人中最聪明的以及对下属最关心体贴的那部分人）的所作所为，对他们的下属几乎都没有任何真正意义上的指导。甚至他们试图让大家担负起个人责任的指导，也遭到了背景中的公司文化动力的破坏，它们传递出了一种截然不同的信息：低下头去，做好你自己的事情，不要捣乱。

这一点非常容易被首席执行官们忽视。在职务的巨大压力之下，他们的眼界变得越来越窄。只是围绕着数字和目标的波动做些微调，而对于人际和部门之间的因素不太敏感。员工们开始感觉到自己不再那么重要，尽管作为首席执行官的你并不这样认为。而且由于你手握着所有人的薪水支票，所以对于大家的真情实感几乎永远也得不到诚实的反馈。也就是说，结果只能是他们沮丧到足以辞职走人，或者出格到足以被炒而卷铺盖走人。

涉及员工发展问题的时候，经理们做的，也是我过去做的，几乎都只是那些简单的事情：鼓励的话、好的建议以及最为常见的，参与进来解决短期问题，以保持工作的顺利推进。但是，团队需要的是某种整体性的东西。他们需要我去倾听。他们需要我听清楚他们要说的事情，并对此做点什么。他们需要我听到他们不想说的，并且使用这个领悟对他们的岗位做出更明确的定义，甚至能让他们拥有一份自己做主的工作。他们需要我设定明确的边界，确保所有人都按照统一的标准承担责任。他们不懒惰。他们不是能力不够。他们也不是漠不关心。他们在等待。

我做了个决定。既然尝试过了其他的所有办法，现在就想尝试点新的花样，那些我发表过很多篇博客文章，发表过很多网络评论而且在很多研讨会上讨论过但从来没有真正付诸实施的东西。起码是没有全心全意地做过。我打算让团队告诉我他们需要我做什么，而不是让我告诉他们我需要他们做什么。我要帮助他们在个人生活中成长，并且相信职业方面自然会随之成长。我要在职权范围内去做可能做的所有事情，以改善在那里的工作体验，仍然还有很多事情可以做。我决定尽我一切可能打造一个伟大的工作场所，谈话一定是一对一的方式。

我开始用一种新的方式与团队中的每一个人交谈。我向他们提出的问题要比以前敢问的要私密得多，当然不是关于他们的个人生活的，而是关于他们与工作之间的。我尽量不预设我知道的答案，也不做推测。我冒着很大的风险放弃防备心理，更多分享我如何面对他们遭遇到的那些问题。他们做出了反馈。他们以我一直想但是根本不知道如何办的方式，把工作当成了自己的事情。对我来说，最有成就感的还是他们做出的这些改变成了他们生活的组成部分。有时候我会直接听到，有时候我能够通过他们在每天的闲谈中如何谈论他们的生活而分辨出来。正是一些我亲自听到的这类对话，给了我继续前行的信心。

某个下午，我在办公室里收拾东西准备回家。我团队里一位与我同事快一年的成员在经过我办公室门口时停了下来。他聪明、能干而且工作出色。然而，认识一段时间之后，我有种感觉，他还存在完全不同的另外一面。出于某些原因，他表现得有些缩手缩脚。我把找出他为什么会这样的原因当成了我的工作任务，并且想看看是否能够在他的成长过程中帮他进入到下一个阶段。在我和他一对一的谈话中，每周都会谈到这个主题。我分派他一些小任务，每周都逼迫自己离开舒适区更远一点。我把看到的那些觉得与更大的问题有关的所有事情的微行为（micro-behavior，也就是他在会谈中的表现方式，他如何与队友沟通工作上的变化。更多内容参见第五章）向他一一指出。当他滑回到过去那种太过于随和，而不是直抒胸臆，并且在想到更好的办法时也不敢冒险创新的习惯的时候，我就对他进行问责。

“您有空吗?”他说。

“当然，请进。”

“哎，我真不知道从哪里说起，但我就是想说声谢谢您。”（他不是那种可以很自在地谈论自己的人。）“我知道您很忙，手头的事情特别多，但是刚过去的这几个月里您让我受益匪浅，我没齿难忘，这是一种我不知道自己缺失的面对世界的体验。而且在家里也产生了很大的变化。”

“真的吗?”我回答道，“听你这么说真的很棒。我不想让你感觉任何的不自在，但是如果你愿意分享，我真的很想听你多讲讲。”

“嗯，就是我的俩儿子现在看我的眼神跟以前不一样了。我不知道用什么言辞来描述，但是我能够在他们的眼睛里看出来，我在他们眼睛里的分量更重了。您知道我的意思吗?”

他真的下了很大的功夫去改变。他真心接受了我在这段时间里给他的所有反馈。他打破了固有的习惯，每次一点点，这种习惯因为过多顾虑，怕大家不高兴而牺牲了自己的创造力和进取心。

谈话因人而异。有时候，纯粹只是一种新的体验，知道有个老板管着是什么样的事情，而老板也就是一个倾听、关心和真心想要帮助你的人。

我继续坚持走下去。一段时间之后，我原谅了自己过去所犯下的所有领导过失。我尽一切可能，对所有我能够帮助的人履行了我的承诺，让他们对是否想要改变做出自己的选择。我明白，经理对团队里的人就他们与工作相关的做法提供直接而细致的反馈，并且让他们以自己的方式做出接受或者不接受该反馈的选择，能够促进每个人的个人成长。这就是“优秀的权威”的全部意义所在。

从我自己的方法中看到的缺失越多，在我自己所属的教练和咨询行业中看到的同样的不足也就越多。大家都在谈问责，但是却没有人能给它做出真正的定义，而且，更为重要的是，没有人把它分解为一整套的技能，让大家能够学以致用。没有人教授这部分内容的原因在于它没有完整的体系，杂乱无章。各讲各的。它讲的是当涉及与他人之间的关系时，我们认为自己是谁，我们会发现自己是谁，以及为填平两人之间的鸿沟需要经历的漫长而曲折的过程。这个发现也让我走完自己漫长而曲折的道路，这条我之前的这些年里在离开纽约法律事务所时踏上的道路。我终于填平了横在我生活中的“个人我”与“职业我”之间的鸿沟，这是一条从一开始就不应该存在的鸿沟。

当我终于做到了的时候，那个声音又开始在我心里出现，告诉我是时候向前进了。我从那些时刻中看到了潜在的希望，我们在个人与职业成长之间一直保持的那条界限（那些年里一直在我自己心里保持着），可能不仅只是人为画出来的，而且正是它阻碍了我们打造自己真正想要的文化。是时候让我来冒这个风险，为这些思想搭建一个平台，看看会发生什么。整合个人成长和职业成长就成了我毕生追求的事业。这就是我们在 refound.com 网站所传授的，也是本书后面部分将要讨论的内容。

离开我的团队是件艰难的事情。但是，2015 年的春天，我毅然决定，是去开创自己事业的时候了。我在想，只靠这件事情是否可以做成一个企业：我是不是可以开创出一种新的咨询类型，一个勉强可以算得上是指导型的公司，教授其他企业自己应用这些思想。带着很少几家具有难以置信的好奇和热情的企业客户，我们上路了。

我写作本书，与你分享我们的客户正用于改变他们的工作环境的战略框架和战术技巧。他们就是一些跟你一样的人：团队领导、高级经理以及 C 级行政人员，也有咨询师和教练。在下面的内容里，你将通过故事和对话进行学习，你能够看到自己拥有多大的权力去改变你工作的那个世界，无论你处于组织结构图中的什么位置。

本书不是规范手册，也没有按线性流程进行编写。它提供了一种新的管理理论，以及一整套技能，对此你可以进行验证并自己确定它们是否有效。这是一种领导和管理团队的方法，适用于任何的行业，也适用于各种规模的团队。如果可能，请花时间按顺序阅读。如果对后面的章节感兴趣，也可以随意地跳过前面的内容，读过后面的内容之后再返回来读前面的内容。我会在中间跟你相见。

导语

优秀的权威

最需要学习的东西我们教得最好。

——理查德·巴赫（Richard Bach）

我 11 岁的那年，一整天都会待在妈妈工作的地方。她的办公室是一间大学教室。她是一所本地大学的心理学教授。就像冥冥之中注定会发生的，在那个特殊的日子，课堂讨论的内容变成了一个很要命的问题，男人为什么会以那样的方式做事情。“为什么会这样，”她问坐满了整个教室的本科生，“就算他们迷路了，也不去问路?”

教室里爆发出哄堂大笑。学生们纷纷给出了自己最得意的见解。当然，我认为自己有一个更好的答案。我攥紧了手里的潜水侠饭盒给自己打气。我举起了手，等着她的眼睛能够看到。毫不奇怪，她点了我让我回答。“嗯，”我先给自己热热身，“男人们不问路的原因是如此……这般……当他们自己整明白了的时候，就成了英雄。”正如你能想到的，我还从来没有那样丢人过。

这件事情的好处除了作为那几年的家庭笑话，也还有些别的事情在继续。我现在从那个11岁男孩的天真话语里，看出来至少存在3件事情。第一件，我表达了对权威的一种信念，有关我认为它对别人意味着什么样的价值，这将在30年后成为我毕生的事业。第二件，这种现象与性别无关。在我每天与客户的交往工作中，我看到女性领导者和经理人在这方面的挣扎并不比男性少。第三件，对于我母亲以及当时教室里的所有人来说这一点显而易见，就是我在讲自己。

在试图弄清楚领导一个团队真正意味着什么的时候，我们中的很多人的信念是这样的：在别人眼中，让我们有价值的，赋予我们权威和信赖的，是我们解决问题并达成目的的能力。本书的理论是，真实的情况恰恰相反。最高形式的领导力，你能够给团队、组织以及周围世界增加的最大价值，是培养出不给大家提供现成答案的这种优点。相反，你的工作是为他们打造一个让他们自己去找出答案的空间，在这个空间里，你成了他们到达自己彼岸的一种资源。如果你找到了这个支点，就会发现那些现在每天都让你透不过气来的各种麻烦和困难，90% 从此开始消失。

这就是成为一个优秀的权威的真正意义。它考虑的是如何成为团队成员的真正导师。我认为，能为他们解决团队问题的，不仅不是解决方案，反而是从一开始就存在的有关这些问题的隐藏原因。这就是大家为什么不把工作当成自己的事情的原因。这就是为什么他们老是粗心大意，不按照你期望的方式关心客户的原因。而且这就是为什么你召开的会议每次都是以讨论大家需要如何更好沟通而结束的原因。

优秀的权威建立在我们在此过程中梳理和发展出来的 3 个核心原则上。在你踏上了这个修炼历程的过程中，请时刻牢记于心。让它们在你身上发挥作用。如果你跟我一样，它们会是你未来数年间的成长源泉，帮助你重新审视那些过去的假设，搞清楚带领他们意味着什么，工作的意义是什么，并且赋予你挑战大家突破当下局面的能力。

1. 企业最深层次的目的是改变企业员工的生活条件。

2. 领导人和经理人的作用是向大家证明，为什么职业成长和个人成长是不可分割的。

3. 让大家敬业的方法是更多地与他们打交道。

下面是关于优秀的权威不是什么的几句话。这不是一本关于获取巨额财富或者让本季度销售额翻两番的书，当然，如果你实现了，我将会是第一个向你表示庆贺的人。它不能替代很多能让你使企业变得更加人性化的事情，比如像提高福利待遇、提供更为灵活的工作时间和远程工作选项，等等。这本书要做的是呼吁大家投入精力到与另外一个层级谈话的过程中：投入到我们对工作本身的体验中。与团队中的每一个人都从头到尾走一遍。去发现他们是谁，他们想成为什么样的人，以及你能如何帮助他们成长。

在转移到下一个话题之前，我们需要重新组织一下教练和咨询行业一直以来教企业领导人提出的问题。正确的问题不是“我如何才能让大家敬业?”正确的问题是：“我如何才能够更好地跟他们打交道?”

本书为所有热切希望改变现状的人、相信世界可以变得更好的人而作。它是为所有行业的领导者和经理们而作，为商业企业和非营利组织而作。一句话，本书为所有拥有给别人发薪水的艰巨责任的人而作。这是一本讨论关怀的书，关怀你所负责的那些人的心灵、精神以及经济未来。

从中你将会找到方法和工具，以新的方式跟团队里的每个人交谈。我鼓励你使用自己认为合适的工具，相信自己，不怕犯错，从错误中学习。它不是魔术，尽管我希望它偶尔能够有那种感觉。它不会一夜之间将你团队里的所有人都变成完美的团队成员。你犯错的次数可能会多于做正确了的次数。但是如果你投入到这个修炼历程中，如果你从自己信任的人那里得到了就你的所作所为给出的反馈，并坚持不懈，某种奇妙的事情就会在你身上发生。

下面是对你将从本书中看到的内容所做的一个简短的概括。

在第一部分，“有权威的领导都会关心自己的员工”里，我们将对公司文化问题做一个鲜活的审视。我们将面对最常见的关于员工敬业问题的神话，提供一种新的方式来考虑优点和缺点，并以一个新的大家如何能够在转型中分享，而不是等待它自上而下发生的愿景结束本部分的内容。

在第二部分，“问责而不指责”，刚过去的半个世纪里爆发了一场个人成长革命，而当下的管理理论则受制于关于人类动机的陈腐思想而进退维谷，我们将尝试在这二者之间架起一座桥梁。我们将提供一种新的方法，打造出一种帮助人们在工作中成长，同时也在生活中成长的问责文化。

在第三部分，“多点尤达，少点超人”，我们将聚焦于可以用于培养指导技能的具体工具和策略上，包括“修理工、奋斗者还是好朋友?”中的一种新的领导力典型系统，以及“5种员工典型”中关于如何总结每个人的个人优势的新视角。

你很快就会发现本书并不是一本真正意义上的商务书。它是一本关于关系的书，关于如何把最好的自己带入到工作中，让真正有意义的时刻慢下来的书。它是一本关于改变世界就从改变办公区里的这些人开始的书。

第一部分

有权威的领导都会关心自己的员工

第一章 如何让大家把工作当成自己的事情

你的年轻只可能保持在上次变心时的那种状态。

——蒂莫西·利里（Timothy Leary）

我喜欢打扫厨房。我并不享受这个过程——如果厨房能够隔段时间自己清扫一下就更好了，但我就是喜欢。花在盯屏幕和数码世界的时间越多，我从对生活的模拟中得到的满足就越多。然而，我女儿就没有发现清扫家室的快乐。说句公道话，她不过才 11 岁。

然而，我妻子和我慢慢地但是确定无疑地交给她更多的跟家庭有关的责任。尽管她是一个狡猾的小学生。她用来拖延的诡计很多也很奇葩——“我饿了。”瞪着无辜的小鹿眼，当所有手段都没能奏效的时候，拿出了她的绝招，“那我得先做家庭作业，对吧?”我们按照你想得到的那样，开始给她解释做家务为什么重要，并不厌其烦地给她讲我们想要给她灌输的那些价值观。我们制定了大家都有份的礼貌但不那么委婉的提醒事项。我们尝试提高所有父母都会使用的贿赂价码——多一点点零花钱，多一点点看电视的时间。但是都没能奏效。无论我们采用什么手段去解决问题，都没有明显的效果。我们只得暂时放下了这个事情。随后的情况并没有想象的可怕。并不是我们没有沮丧，但这个孩子很了不起，而且这个过程让我们都无比的快乐。随后，该来的就来了。

那是某一个周末的傍晚。我正在家里的办公室整理文件，我妻子偷偷瞟了我一眼。“跟我来。”她说，轻轻地摆了摆手。我们蹑手蹑脚地走下楼梯，转过拐角看向厨房。她在那儿。我们的女儿正优雅地在厨房里走来走去，手里拿着海绵球，肩膀上挂着擦盘巾……她在清洗……而且嘴里哼着她喜欢的歌。我差点惊叫起来。

当某个人把工作当成自己的事情时，工作会变得多么简单多么美好，这一点是不是很令人惊讶？“工人”的自身利益与“老板”的自身利益之间的矛盾，怎么能在转瞬之间就烟消云散？这种情况在我们这个世界如此罕见，难道不奇怪吗？所以，作为一个讨人厌的人，而且还是一个正在忙于撰写一本关于权威的书的讨厌鬼，我得搞清楚是怎么回事。但是我也知道，我妻子这位教给我关于如何不怒自威的最多知识的人，是去询问的不二人选。结果发现，这一切都是从清扫她的房间开始的。

或者，更准确的说法，从不清扫她的房间开始。随后有一天，她坐在我们卧室角落的软椅上看书（谢天谢地，我们的卧室很干净）时，某个东西触动了她。“坐在这里感觉就是更好一些，”她想，“我的房间那么乱，东西扔得到处都是。想找个东西都很困难。坐在这里我就是觉得更安心。”我们在厨房里发现她之前的一个小时里，做了如下这些事情：规划她的房间（包括世界上生物多样性最为丰富的填充动物玩具收藏，这一点我可以很确定地告诉你）、清理书桌、把衣物整齐地叠好放在衣橱里。

从心理学的角度看，你或许会把她的行为看成是自顾（self-care）或者是自主（self-authority）、抑或是自尊（self-esteem）的表现。但是，作为她的父母，这就是纯粹的喜悦。她知道这是我们想叫她做的事情，但是她发现了自己要这样做的理由。

她发现了最佳的理由,这个理由秒杀其他的所有理由: 她这样做,因为她喜欢它让她感觉的这种方式。

你对自己团队里的人的期望，还能比这哪怕多一点点吗?

她不是我们的员工。但是我们是她生活里的中央集权人物。我们尝试过胡萝卜和大棒、各种家教手段，但是都不奏效。真正有作用的是给她打造一个空间，让她自己拥有。打造那个空间的一种元素是不替她清扫她的房间。你是否从你为之工作的某个人那里获得过类似的礼物——这个礼物就是他们不冲进来拯救你，所以你别无选择只能自己解决? 另一种元素就是保持我们自己房间的洁净。你是否曾经为这样的人工作过，他真正地代表了自己的价值观，而且当他坚持做正确的事情面临很艰难的时刻的时候，也不会说一套做一套?

转变不会是由我们说什么或者我们说了多少次而引发。她并没有因为我们共有一个保持洁净的广大愿景，或者装脏衣服篮子里每周袜子的具体数量这样的整个家庭的共同目标而开始动手清扫。这件事的发生不是因为一个能把问题解释得更清楚、更清晰的流程，或者跟她一起查看问题会如何发展! 改变的源泉正好与此相反，是她对这种差异的亲身体验：她所处的地方与她想身处的地方相比而感觉到的那种痛感。

这不正是我们花费数十亿美元以及数不胜数的时间想要在工作中打造的那个结果吗？我们参与领导力研讨会，设计如何激发并打造出更为清晰的愿景。我们派下属去参加管理培训，帮助他们了解轻重缓急，并且在正面强化、动员和激励方面做得更好。我们把大家拉进低劣的团建研讨项目，打造出一种共同利益的感觉。我们购买乒乓球台和盒饭，尝试让工作变得有趣。我们尝试接触主动思维力量这个代表成功的秘诀。

我们生吞活剥关于领导力和自我修养方面的书籍，学习有启发的新思想。希望又回来了。我们打造体系，明确政策，编写并修订价值观声明，想要揭示“为什么”，并鼓励大家也来做同样的事情。但是，无论我们尝试了什么，无论发心多么善良，无论组织的领导人多么聪明或者接受了多好的教育，但是，问题却依然存在。我们还是看到自己像无头苍蝇一样到处乱窜，四处寻找能够接触到生活中的人们的魔力钥匙。我们一遍又一遍地反复问：“我如何能让大家把工作当成自己的事情？”我们听不到回答。

这并不意味着没有事情发生。萝卜和大棒在一定程度上是有效的，包括对待新时代人类。让人垂涎的升职、加薪分红的承诺、按摩椅和瑜伽课，或多或少都能带来普遍的顺从感觉。

我们还是能够以此实现目标。我们勤勤恳恳地工作，这不是那种伟大的工作。但是这些手段并不能给你真正想要的东西。你想要的是一种感觉，每一个曾经存在过的领导人都渴望的那种感觉："他们已经顶上来了。我可以松口气了。"

为什么所有这些手段都不能让我们实现目的？原因是它们都有某种共同的东西。你能看出来吗？

那就是它们都是从企业的需要入手，而把个人的需要排在第二的位置，而且第二通常与第一相差得很远。

这种导向，这种超越了所有管理理论的世界观，建立在一种可以追溯到工业革命时期的核心问题上。它认为，"企业有个目标。为了实现这个目标，工人以一种资源的形式出现在那里，承担机器做不了的工作。"因而得到了沿用至今的奥威尔式术语：人力资源。它遵从这样的理念：所有管理层级中的当权者的工作，就是从人们身上汲取他们所需。对于企业来说，这种做法的核心是一种微妙而强大的思想，这种思想在经历了两个多世纪之后仍然颠扑不破：为老板打工。

但是，时代变了。人们开始意识到自己的选择。20 世纪 70 年代开始而且仍然在不断加速中的小企业革命，开始给那些已经有了一定历史的公司带来挑战。忽然之间，他们最好的那些员工有了前所未有的诱人而且现实的选择。风险依然极大，但是，当大家感觉自己被利用的时候，风险度就出现一种滑稽的方式，似乎整体风险要比它实际的风险小。

企业界注意到了这个问题。首席执行官、领导人和经理人、咨询顾问和教练，这些人都不是笨蛋。他们知道必须做点什么事情。企业文化运动诞生了。而且随着本书即将付印，这个产业正如火如荼。似乎每天都会有新的企业加入进来，包括我自己的，尝试解决同一个问题的最新版本：我如何能够吸引并留住人才团队？

“如何下手”的声音以各种不同的特点涌入。有些更专注于问题的补偿层面，直接或者间接的经济补贴和好处。有些则更专注于通过文化活动和团建练习增加“乐趣因素”。这个领域相对较新的进入者鼓励老板把个人和精神价值观带入办公室——我们看到企业领导人侃侃而谈那些建立在正念、意识交流和其他个人成长方式基础上的方法，并给他们的员工提供机会，在上班时间练习这些方法。在这种狂热中，有很多很好的发心，很多想要把事情变得更好的好人。

但是在相互了解和文化方面的情况仍然一如既往的糟糕，而且还会更糟。因为提供给你的所有解决方案中，尽管出发点都是好的，但是都要求你在权威的问题上面盖上一层东西，某种程度上说就是用不解决的方式来解决。这种方法在 40 年前或许是可行的，20 年前或许也可行，甚至 5 年前都可行。但是现在不再可行了。萝卜加大棒，甚至你能够找到的最深奥、充满灵性而且探究灵魂的那些手段，在一英里之外就会被识破。千禧一代似乎天生就具备这种 X 光的视觉，但是现在所有人都具备了。我们需要知道“为什么?”，答案最好很漂亮。有了选择的人不再为了服务你的理由和你的目标而工作了。他们不会为服务你的权威而工作，只会服务于自己。不是因为你吝啬，而是因为在我们的现代社会里，甚至那些月光族（其实所有人都如此）都会站起来说，“不。”他们会说，“我有选择。我想要的不止这些。我不知道是什么，但是我会一直找，直到找到为止。”

现代的领导者，这一切对你来说意味着什么？它意味着你得提供某种他们自己无法得到的东西，一种超越一切的报偿，一种与业务无关的报偿。它是提供一种工作，从他们开始这种工作的那一天一直到他们决定离开的那一天，它必须帮助他们成为一个更好的自己。它是承诺，你将利用你的权威帮助他们去发现他们自己的权威。从根本上说，它是学会讲一种新的语言。

自主的语言。你自己如何学习这种语言？你如何帮助团队里的人熟练应用？今天是什么阻碍了你讲这种语言？现在，这些就是一大堆值得你做出回答的问题。

第二章　借来的权威并非真权威

当你与权威和平相处时，你就成了权威。

——吉姆·莫里森（Jim Morrison）

我们有充分的理由质疑权威——有些人的理由比其他人的更为充分。我们被出卖了。我们被误导了，卖的时候是一种东西，但是交来的货是另外一种，这样的事情遭遇了一遍又一遍。我们被操纵了，被利用了。我们被侮辱了，有时候是以隐晦的方式，有时候则不然。你有做出这样一个合理结论所需的全部经历：权威是有问题的。这样的结论是合理的，但并不是真的如此。有问题的不是权威，而是我们没有学会如何以一种真正源自于自己内心和意识的方式来看待权威。

好的权威的反面不是坏权威（bad authority）——而是借来的权威。从感觉上说，借来的权威说明权威不是我们自己的。它是我们习得的，可能来自父母、文化、老师。而且，从本书的角度，权威也包含了我们从那些给我们承诺说他们知道答案的教练、管理顾问以及大师处学习到的策略和手段。唯一一种我们还没有尝试过的权威是我们自己，尽管它需要耗费我们的一生去认识。

我曾与一家小规模的科技公司的老板一起工作过。刚步入50岁的迈克（Mike）堪称仁慈领导的典范。他在自己的专业领域堪称技能娴熟，随时都是满面笑容。他对团队人员的生活都很关心，具备一个知天命的人该有的所有动力。唯一的问题是,他的企业在这个10年中的大部分时间里一直都是不温不火。无论他怎么努力，都无法让大家把工作当成自己的事业。他没有吸引到新一代的领导人，就是那些能够把企业带到比迈克靠自己的能力能带到的更高地方的人。由此而导致的日常现象就是整个组织都缺乏问责的精神。

一天，在一次我与当时所服务的企业老板中半数以上的人一起进行的视频会议上，我们谈到了关于权威的话题，具体来说就是迈克的权威问题。大概一两分钟之后（我永远也无法扮演耐心者的角色，做“等着它本能地出现”的那种教练），我问了他一个问题。“迈克，在说到权威的时候，你最担心的是什么?”（以及，总裁先生，我有一个后续问题。）他沉思了一会儿，一抹胸有成竹的笑容掠过了他的脸庞。“我不知道这个是不是你想问的内容，但我心里涌出了一个想法。”

“哦，是吗?……是什么样的想法?”你能听到在线的另外6个人的呼吸声。

“我会想到的是我父亲。你知道，他是名工程师——他在公司里的地位很高，但不是老板。我整个儿童时期听到的全都是当官的如何以这样或者那样的方式欺负大家。”

“你认为那种情况对你现在领导团队的方式有什么影响?”

“嗯，你这个问题，现在显而易见……我所做的一切事情就是为了不要成为那样的权威。”

在无意之间，迈克发明了一种解药。为了不成为那样的权威，他采用了3种领导力典型中的一种。这些典型你会在第十二章《修理工、奋斗者还是好朋友?》中了解到更多的内容。他选择采用的是“好朋友”类型。问题是迈克的治疗方法存在严重的病毒性感染副作用，在这一点上这3种类型单独使用时都是一样的情况。你的团队无法把你同时既当成好朋友又当成老板。

迈克开始把它们联系起来。他开始明白自己真的有问题。为了进入他的团队需要的那个角色——在需要强硬的时候愿意强硬，他就得找到由于他父亲的影响让他敬而远之的那种领导类型。他得让自己接受那种不算残忍的强硬，就像他父亲的老板所做的那样，但只是单纯地在原则问题上坚定和明确。换句话说，迈克必须摈弃他从父亲处借来的权威。

可笑之处在于,就算迈克想,他也无法成为那种类型的权威,那种被他父亲唾弃的权威类型。他在自己创业之前的很多年里一直为人打工，在此期间形成了一种待人和善、对事物充满了好奇心的性格。他知道，为别人打工是怎么一回事，而且通常的情况会错误地站在疑罪从无的立场上。

在接下来的几个月里，迈克接受了这种新的挑战。他开始展现出某种更为强硬的姿态。不是那种尖刻的强硬，而是坚定不退让的强硬。他不再随时都接听手机来电。他不再回复应该由下面的经理处理的群发邮件。他与团队中的每个人都对工作中个人职责应该是什么样子进行了口气强硬的谈话，所采用的事例都是当天发生的问题。他开始把问责具体化,而不只是清谈。他要求所有人在可以找到的所有机会中都去自己想、自己做和自己改变，不需要他来监督。

对于迈克来说，这样做并不容易。他会在我们每周的例行通话中出现，并报告进展的情况。就跟所有真正的转变一样，他的这次尝试通常也是进两步退一步的情况。但是，在某些问题上，他取得了突破。他的团队意识到，新迈克已经屹立在那里了。对他们来说，这也是件不容易的事情。在那里工作不再那么舒服了。当已经为某个人工作了很长一段时间之后，你会适应他的风格。出于自卫的本能，你很快就会知道什么东西会惹恼他，什么东西会让他缓和下来。你会用自己的优点来弥补他的缺点。团队必须重新学习如何跟上新迈克的步伐，而这并不总是他们所喜欢的。但是，当我们跟他们交谈（这也是我们这个方法的重要组成部分，我们不会只管首席执行官而对他们的团队置之不理），我们开始听到他们如何喜欢职责明确，知道自己所处的具体位置。他们不久就报告了一种已经有一段时间没感觉到过的感觉：群情振奋。他们期待公司又将开始开疆拓土,而且把这种感觉带入到工作中。迈克没有讲一句话的理论，也没有发表鸿篇大论的讲话。他只是不再做曾经的那个瞻前顾后的人。

然而，正如迈克所发现的，当你改变自己的领导风格，破坏了这些长期以来形成的权威形式的时候，团队里的人在一小段时间内会感觉手足无措。然而，根据我的经验，大部分人会看到好的一面，并把它看成是成长的机会，因为你最终会减轻他们长期以来所肩负的重担。当然，团队里也很可能会有那么几个人，他们不管出于什么样的理由，正处于一生中寻求稳定，不想再成长的阶段，不希望生活中剧烈的起起伏伏。他们更不情愿做中流砥柱。处理这个问题的关键，是牢记在职业生涯中你或许多次经历过的事情：当团队中有人觉得他们现在所处的地方不适合自己，并决定离开的时候，其结果总是皆大欢喜的。

在迈克开始改变之前，他所做的全都是我们以这样或者那样的方式正在做的。这是人类的本能的反应，是自然而然的事情，是合乎情理的。孩提时代，甚至当我们在自己职业生涯中已然爬到了权威位置之后，我们仍然还依赖那些内化于我们生命形成的各个阶段中的权威故事。成为一个“优秀的权威”所要做的，就是找到这些故事，理解它们如何以及为什么能够被吸收，尊重它们所包含的真理和教训，然后释放它们。

就是这么一个修炼历程。这是一个能够把我们带往一个全新领域的修炼历程，这个领域在过去的情景中着墨不多——在这里你可以以新的方式倾听团队中人的意见。当你清空了自己那些与权威有关的包袱，你自然就会开始注意到其他人的那些包袱。这将是第三部分讨论的内容。你将会开始看到它，听到它，并且能够帮助大家找到那些让他们焦头烂额的事情（对自己和他人的责任、甘冒创造性的风险并排除别人的风险、专注于重要的细节并能够训练他人掌握这种技能）如何源自于一个最重要的管理工具，这个工具就是人心。

第三章　不敬业是员工的错吗?

人就是人，何必这样

你我相处就得如此不堪?

——赶时髦乐队（Depeche Mode）

通向一个散漫团队的道路都是用好心铺就的。没有人会有意要让他们的员工被击垮、崩溃和痛不欲生。好吧，我假定确实会有这样的人，那肯定也是屈指可数。但是，总体而言，同时也很难让人接受的事实是，如果你去了解你曾经遇到过的老板，就算当时最恐怖的那一位，你都会从他的身上看到一位好心人的影子，一个对他人福祉关怀有加的人。问题在于，对于下面这两个问题，他们骨子里已经形成了一套强势的无意识思想：（1）大家为什么不按照他们的要求去做；（2）他们有什么称手的工具去改变事物。我把这一对思想称为员工敬业度谬论。

《福布斯》杂志的撰稿人凯文·克鲁斯（Kevin Kruse）把员工敬业度定义为：员工对组织及其目标的情感承诺。你从杂志报纸上看到的糟糕数字，证明了员工敬业度谬论的后果。按照盖勒普（Gallup）的统计，每10名工人中有7名要么自由散漫，要么主动地出手破坏组织的努力成果。没错，你看到的这个数字是真的。你或许也看到过数不清的文章、博客贴文以及书籍，里面讲的都是可以如何改变那种状况的各种手段。但是你没有看到的是追踪这组关系中的另外一方，这一点在讨论中很容易被人诧异地疏忽了。经理敬业度是什么状况？

换句话说，员工敬业度谬论假定，不够敬业是员工的错。从工人这个角度看，我们遗漏了某种东西。在不排除员工的个人责任的情况下，难道我们把责任全部放在权力平衡中的弱势一方的做法不是很奇怪吗？解决方案就是把这种情况做个反转：为了让员工敬业，他们需要有个人跟他们一起敬业。

这种奇怪而明显没有什么意义的谬论从何而来？你在学校里没有学过。我见过的所有企业培训手册中也没有。这是一种你在成长过程中无意间获取的想法，这种想法源于大家当时还不了解我们现在已经知道的有关意义、动机以及人们希望从职业生涯中获取什么的这些知识。这种错误的信念以我称为“员工敬业度的 5 种神话”的方式来表述，这 5 种神话全都早已经超过了其保质期限：

1.“我找不到好人。”

2.“没有人会像我这么关心。”

3.“我犯不着把时间投入到那些反正都要走的人身上。”

4.“我不是治疗师，我没有帮助他们解决个人问题的技能。”

5.“我们只是需要更好的系统和更多的交流。”

这些神话不只是错误的，而且颠覆它们还是改变你的管理、领导工作的关键，并在这个过程中，改变你周围的人的生活方式。让我们先解决这些神话，以便带着清晰的头脑和目的，踏上我们余下的修炼历程。

神话1：“我找不到好人。”

你随时都能遇到好人。你已经面试过他们，并聘用了他们。

你把他们带入了你的团队，为你认为他们能够给团队增加的个人品质和技能而兴奋，并满怀期望。在他们开始为你工作之后，某种情况发生了。是什么情况呢？他们如何从一个令人兴奋的新员工变成了接连不断的挫败之源？

或许真相是你在那些好人到来的时候没有对他们进行投入，尽管情况或许并不总是如此，但是肯定远超出了我们自己的认识。你没有对他们进行必需的培训，或许没有对那些你注意到的而且希望他们改变的行为进行批评。你没有通过具体的事例向他们展示企业的DNA，所以，他们对你所要求的“关心”是什么意思，以及他们为什么也需要以那样的方式关心没有切身的体会。最为重要的是，你没有让他们对在成长过程中出现的小成绩有荣誉感，也没有让他们明确知道哪些是需要改变的，也不知道需要在何时改变。

这样的做法并不会让你成为一个恶人，你也不必以此为借口合上本书，为你所犯下的那些错误而惩罚自己。不必那样做。我请求你对过去一直以来的做法秉持诚恳而真实的态度，以便你能够改变它。你捡起了这本书，停止用曾经的做事方法管理大家。冷静下来是第一步。

在提到非常私密的经理敬业度时，我们大家都是B角。所有我碰到过的企业领导人，包括本书的作者，在这个领域都存在巨大的盲点，而且我们的盲点都是一样的，尽管发生的形式有所不同：在不能够看明白的情况下，通过展现我们做事方法的举动，剥夺了周围人员的权利。在我们学会如何跳出那样的方式之前，情况都是如此。

当你认真思考这个问题的时候，就会开始明白，作为A角就不会有这样的事情。当然有这样的人存在，他们比其他人有才，一种异乎寻常的技能或者专业。但你是否曾经遇到过这样的人，他们没有与该优势有关的同等甚或更大的阴影面积与他们相伴？我们要做的第一件事情就是必须认识到我们自己不是A角。我们都有某些需要解决的问题，某种居于我们内部，让我们感觉无能为力、不自信、没有安全感，或者包括了上面的所有感觉。只有我们彻底解决了自己内部的问题，不只是修修补补，而是诚实地对待自己和别人，我们的优势才不会被一直用在维护我们开始时的那种关于自己权威的错误信念上：别人通过我们知道什么以及我们能够解决多少问题来评判我们的价值。

当你开始从自己内心深处接受自己是B角的时候，就不会再把员工看成不够好的人。你开始意识到，无论多么技艺高超的人，当进入了这道门，进入你这家独一无二的企业时，大家都是 B 角。他们不理解你的品牌，不知道你经营这个品牌的方式，不知道如何与你团队里的人相处，而且当然不知道如何与你共事。撸起袖子，跟他们一起做他们需要做的事情，这才是你该做的工作。对于大部分人来说，这将会帮助他们成就伟大的事业。有些人可能不理解，他们会离开，或者是你让他们离开。但是，伟大的管理和指导总是从开放的思想和开放心灵开始。

神话2：“没有人会像我这么关心。”

没有人对你所关心的事情像你一样地关心，情况或许真的如此。但是，认为没有人像你一样地关心并不对，或许说不公平，也没什么好处。他们关心的是不同的事情，那些对他们来说重要的事情，那些启发并感动他们的事情。你的工作是把你关心的事情以及他们关心的事情以一种大家都能接受的方式调和起来。

所以，员工们关心的事情是什么？要是从更大的范围上看，他们关心的事情跟你所关心的完全一样：自由发挥、人生意义、做自己喜欢的工作以及赚足够的钱养家，这又怎样？

在我们通过管理层 / 员工的划分看问题的时候，很容易把另一边的人看成是由跟我们不同的材料制成的。其实不然。他们只是处于不同的人生阶段，或许对风险有不同的偏好。而且不管是出于什么理由，他们已经决定把自己的命运之舟托付于你。你的责任就是发现他们有多关心，尽管关心的方式和关心的事情跟你不一样。讨论一种双赢的场景。

神话3：“我犯不着把时间投入到那些反正都要走的人身上。”

想象一下你团队中现在最麻烦的那个人。好吧，现在做个小游戏，看看你已经花了多少时间在他们身上。把所有你花在为他们不到位的工作收拾残局，或者提醒他们这个问题或者那个问题的时间相加。请把你与配偶的夜谈、你与同事之间的抱怨时间，以及你在他们再犯同样错误时的极度沮丧中躺在床上睡不着觉的时间包括进来。在过去的一个月里，你额外花在他们身上的时间是多少？ 5 小时？ 10 小时？多得数不清？去年同期又是多少？现在，把你应该已经花在做我们建议你做的这项工作上的时间相加。如果你把所有这些都加起来，或许会发现花在这个人身上的时间已经超过 100 个小时了。而且如果你审视在这段时间中自己所做的事情，会发现大多不是指导或者成长：一直是监督。哎呀，真让人恶心。这句话应该让你不寒而栗！监督是对付小孩子的，让他们不要把手指头插进电源插座里。对于建设针对成年人的公司文化来说，这不是一个好的模式。

如果反过来，不要花 100 个小时去监督，而是花 10 个小时直接跟这个团队成员谈谈那些老是一直出错的事情，讲讲你的标准是什么，告诉他们为什么应该关心，让他们知道你在如何帮助他们成长，以及你如何让他们为自己的成长负责，会是怎样一种情况。感觉难道不是已经好多了？

换一种方式来考虑。难道不在他们身上花时间不正是他们要走，或者虽然不走但是把其他人拉下水来的最确定方式吗？多想想你培养并投资在一个人身上将会发生的所有美事吧。想想作为一个人，你那样的做法对他们意味着什么。想想做一个雪中送炭的那种人对你意味着什么。考虑一下你甘愿冒那样的风险，会给团队中的人传递出什么样的信息。考虑一下就算这个人真的离开了，在组织结构图上位于该人之下的那些人从他们自身的成长获得的那些好处。投资于员工的潜在好处无穷无尽，但最终最重要的好处是这个：这是应该做的正确的事情。

神话4："我不是治疗师，我没有帮助他们解决个人问题的技能。"

为了成为一名更好的领导、经理和全方位高效的人，你尝试过多少种方法？有过多少位咨询顾问和教练？看过多少本自我提升书籍、多少部视频并参加过多少次周末研讨会？接触到的那些思想中有多少是你想要导入到公司文化中的？如果你正在看这些，那很有可能很久前你就知道自己是谁，也知道你与工作关联的方式与企业是高度相关的——因而你个人的转变不只是对你有益，对你周边的人同样是有益的。那么对你企业里的每一个人来说，为什么就不能是同样的情况呢？

就算你准备好了认同员工的个人成长与企业相关而且对企业是有益的，依然还面临这样一个挑战：你如何引入这个话题？你如何进行这种较为私密的谈话，确保不会超越经理和员工之间的职业协议的边界？在本书后面的内容里，我们将逐一回答这些问题，提供很多简单的方法，以漂亮地切入个人成长挑战的方式讨论绩效问题。很难解决并不会让它永远解决不了。而只是意味着很艰难。而且按照我的想法，你会在本书后面的内容中发现，你可能会让它变得更艰难，远超出它本身需要的难度。

神话5：“我们只是需要更好的系统和更多的交流。”

系统、流程、行动计划和步骤都是很棒的东西。在给企业打造出最小量的指令和可预测性方面，这些都是必需的。但是，问问自己，你现在有多少种系统？过去几年里，信誓旦旦地怀着将会提交某种成果的承诺，你写出了多少份文件和所谓的电子文档？愿景文件、品牌定位、市场策略、价值观陈述。老实说，在让大家真正拥有自己工作的决定权方面，这些文件有过丁点的帮助吗？

对于人的问题，系统不是解决方案。尽管它们绝对是系统问题的答案！关键在于要知道其中的差异。当一名运动员伤了腿，你会在他的腿上打上石膏，帮助恢复腿的结构和稳定性。但是多愁善感能够支撑他们并帮助他们重新站立起来吗？对此，你需要完全不同的其他形式的治疗。

让我们来做一套新的操作性假设。这些假设并不是我们刚才揭露了的那些神话的反面，而是一种重构，这种重构让我们更加靠近大家都应该得到的那种诚实而且注重细节的成长谈话：

“我找不到好人”变成为“要通过对他们进行考验后我才会知道谁是我的A角”。

“没有人会像我这么关心”变成为“我还没有想出办法，如何让他们以自己的方式关心，才能够与我所采用的方式协调起来”。

“我犯不着把时间投入到那些反正都要走的人身上”变成为“我没有时间去干别的事情”。

“我不是治疗师，我没有帮助他们解决个人问题的技能”变成为“我不是治疗师，但作为专业人士来说，我比这个人多走了两步，可以通过分享我这一路过来所学到的东西，帮助他们成长”。

“我们只是需要更好的系统和更多的交流”变成为“我们不需要更多的交流。我们需要开始讲另外一种语言”。

想象一下，你要开始一点一点地应用些新的假设，每天增加一点点。你想先找谁谈？

第四章　正视弱点，才能不断进步

大部分人毕生都在用优点掩饰和遮盖其弱点。但是，如果向自己的弱点低头，就会在那里找到通向天才的道路。

——摩西・费登奎斯（Moshe Feldenkrais）

谢丽尔（Cheryl）在社交媒体方面具有一种天生的技能，这对一个现代营销团队来说简直就是无价之宝。她不费吹灰之力就能提出新的方案，而且能从结果中看出模式，所以我们可以及时调整策略。但是谢丽尔不是一位好队友。她永远都在挑战截止时间、在最后一分钟扩大项目范围，而且总是想以她的想法主导团队会议，这往往会让别人的意见半途而废。她并不是有意要这样，一般情况下全队都很尊重她，而且期待她的指导。

但怨气是不言而喻的。大家给她暗示，提醒她大家同意她的想法的时候总是有一种受到了侮辱的感觉。谢丽尔对这些暗示充耳不闻。

我也是。随时随地都会听到团队成员脱口而出的抱怨。也算不上是什么多大的事，也就是这里有一点问题得替她处理一下，那里由于她的问题得做点额外的工作。看上去似乎都不是大事，当然，我现在看来，这确实是非常大的事情。但是，我当时就是充耳不闻。如果我能听进去的话，当时应该会做点什么。我甚至还记得当时想过这样的问题，比如，“我能真正做点什么？我不是她的治疗师，我是她的老板。要是她不高兴了而且转身走了的话，谁可以来收拾这个烂摊子？不管怎么说，我们再看看还会发生什么，如果再出现这样的问题，我会找她谈谈。”你能看出里面有几种在起作用的员工敬业度神话吗？全都有吗？

差不多就在同时，我开始在自己的生活中也发现了类似的问题。其结果就是当遭遇盲点的时候，谢丽尔和我相似的地方不只是一点点。我比她大 10 岁，我们有着完全不同的背景，但是在这个问题上，也就是在我们与工作之间的关系上，简直就是一丘之貉。只要我还是幸福地无视自己的盲点，就无法帮助她克服她的问题。我根本就不能够看到这些问题，它们被称为盲点不是没有道理的。

随后，我迎来了窗口期。安静的抱怨在几天之内变成了两场同样火药味十足的争吵。谢丽尔接连两次未能将范围变更告诉她的队友，他们每次都得额外花上两天时间重做原本已经从任务清单上划掉的那些工作。当她的行为开始毁掉她队友的正常生活，让他们的工作更艰难的时候，怒气爆发了，开始络绎不绝地有人来我办公室跟我讲这个事情。

这里值得花点时间多叨叨两句。需要做的一件大事就是对团队进行某种形式的人格调查。你不需要任何神奇的诊断工具。只用四处看看。通过你对他们的了解进行判断。谁跟你相像？谁拥有跟你的反面更像的风格？你会惊奇地发现，似乎团队里所有的人都能被归入到这两种类型里。作为领导人，无论你是否意识到，你都会倾向于接纳这两种类型的人进入团队里：像你的，是因为你们相互间很容易建立起联系来；而那些跟你一点都不像的，是因为他们能够弥补那些由你的风格所造成的缺口。

由于我确定你已经有了结论，本书将会警示你必须强烈反对这种做法，也就是不要试图让别人来弥补你的缺陷。但不是出于你可能想到的那种理由。不是因为那种思路不好，也不是因为你应该关注自己的缺点，而是因为用线性方式来考虑优点和缺点对于人类来说太过于简单化。有时候，我们最大的优点也就是我们最大的缺点。而且更为真实的情况是，我在所经历的事情中发现，你可能遇到的最强大的人是那些能坦然接受自己缺点的人，这将是我们第三部分内容的中心议题。

优点和缺点之间相互作用的这种情况给谢丽尔的队友造成了很多麻烦。我就更不用提了。没有感觉到这种影响的人只有一个：谢丽尔。作为她的经理，我就是这样让她失望的。我没有帮助她建立起该有的各种关系。我太过热衷于利用她的优点，而太不愿意正视因为不知道如何以一种协作的方式使用这些关系而对她造成的影响。这些影响采用了它们用来对付我们大家的那种形式：那些逼得我们周围的人抓狂的微行为。

沟通失态、忽视时间管理、超预算，这些微行为是伟大的导师们求之不得的金水。它们为什么如此有价值？不是因为它们是羞辱或者惩罚大家的机会，而是因为它们能引出一次关于造成问题的事情的谈话。它们起到了切入点的作用，因为它们是具体的，因为它们的存在是无法否认的，而且，借用一个市场营销术语，因为你可以通过社会认同来支持它们。下面是谢丽尔与我之间谈话展开的方式：

“那么，谢丽尔，”我在某个下午不太忙的时刻开始了这次谈话，“对于今天的会议，你觉得有什么奇怪的地方吗?”

“没有啊。但是,我对这种新活动真是感觉很激动。它会很棒，对吧?”

“是会很棒，我很好奇，想看看大家会作何反应。但是我想专门谈一下今天上午的员工会议。”（这就是那次火药味十足的争吵，并导致大家纷纷走进我办公室的会议。）“你觉得会议进行得顺利吗？当我们讨论项目计划的时候，你就没有注意到有什么紧张的状况吗?”

在犹豫了片刻之后，我看到她的脸上又有了血色，意识到她没有问题，也意识到我正尽量给她提供真正的帮助。她很聪明，所以只用了一秒钟的时间，就把这些点都联系起来了。她完全明白发生了什么,尽管我还是得把螺丝再紧一下,让它到位，但是我们现在有些事情需要先解决。我们要保证讨论的是同一件事情，同样的事实。我们要身处同一个现实里，无论气氛变得多紧张，这也是解决两个人之间分歧的唯一途径——包括就不同意或者部分同意的意见真正地达成一致。

在接下来的几个月里，我们继续经历了一场经理 / 员工的历练过程，这种情况你将会在本书里以各种不同的方式学习到。它不是严格直线型的，但是我确定在开始的时候我们花了足够多的时间来定义问题。我给她布置了作业，写出具体的有问题的行为及其影响。那就是内容。然后我们讨论了前后关系，隐藏在这个问题后面兴风作浪的那些力量。她与我分享她对其他人的行为的失望，只要她不是以此为借口来为自己的责任开脱，就是非常完美的事情。我们讨论了部门之间以及在整个公司层面的某些挑战。我倾听了她就领导层没有完全认识到团队所面临的压力到底有多大这个问题所谈的看法。随后，我们制订了一个计划，还制定了一个协议，明确了她需要努力改变的内容，以及从我的角度要如何努力帮助她，还有我期望她发生改变的各个时间节点。

我想专注于承诺中我这方面的工作，也就是经理方面的工作：在任何时候只要有谢丽尔的同事告诉我，或者是我亲自发现，她的行为方式没有改变的话，我将不会接受来自她的任何意见。当然，我没有把这种想法给她的队友透露过一丁点——这是谢丽尔的成长历程。我明确地告诉过她，要让我随时了解事情的进展情况，向我提出她需要的一切帮助，这是她的责任，而不是我的。

在接下来的几周里，与谢丽尔一起解决这些问题，就是我心里的一张提示条。为了帮助她，我不厌其烦地指出发现的哪怕最细微的细节：没有在 24 小时内回复我的邮件（这是我们的内部标准），没有在例会之前更新她负责的项目状态（团队规则），与我的周例会迟到而没有通知我，哪怕 5 分钟。就像我的拳击教练在我的步伐完全准确之前，不会让我停止出拳一样，我也把逼迫谢丽尔做好最细微的事情当成了我的工作，因为我知道这对她会有帮助。因为我知道这对团队有帮助。因为她改变这种行为习惯对所有人来说都会从中受益。

我们的每周例会气氛同样也很紧张。没有任何客套话。她处于受训状态。如果你曾经尝试过，就会发现其中存在某种违反常理的事情：只要出于好的发心，而且是出于自己的理由去做，而且不是刻意取悦老板，被经理强迫着去担负责任也会很有意思。它会让寻常的日子变得有激情。整日穿行在噪声、喧嚣和单调之中，是现代办公室生活的真实写照。这些会议上所涉及的问题包括：整个工作日里她都采取了哪些步骤去挑战过去的行为，她有没有发现自己在做那些本来打算尽量不要做的事情，这样的情况有多少次，她还在学习什么别的东西，以及是否还有什么办法让我能够给她提供更多的帮助。

个人成长就像所有真正的改变一样，都需要有适当的压力。与为企业打造新愿景同样的方法给你提供了现实的参照点，帮你认识那些过时而且需要更新升级的事物，我们想采用的新方法一定会与老方法发生碰撞。就是它们之间的差异驱使我们、激励我们去努力寻找自己的优势，从我们信任的人那里获得有关要改变什么以及保留什么的反馈。就是在尝试、失败、再尝试的这个新旧交替的过程中，我们学到了经验。经过一段时间，并应用了我们在这里讨论的建设性的压力之后，某种情况发生了。虽然花费的时间似乎比我们想象的更久，过程比我们期望的更曲折，但最终还是找到了我们之前视而不见的入口。痛苦是必不可少的，但是现在痛苦被喜悦取代了。

大约进入流程一个月后，谢丽尔闯进了我的办公室。她找到了困扰着她的工作的那些东西，其实就是她会不停地给自己讲关于自己价值的故事，这个一直隐藏着让她很难发现的习惯，促成了那些她一直非常努力想要停止的微行为。正如我与其他具有类似习惯的人一起解决这种问题时每次都会看到的，答案以一种令人吃惊的形式浮现在她的脑海里。

“我一直把自己的价值看成是想出新的主意，保持创新的状态，”她打开了话匣子，“我越是专注于那些小事情、截止日期以及所有你们一直盯着我的那些事情，我就感觉越迷茫，好像说，这是不对的。如果我不从那种情况下摆脱出来，多做那些我擅长的事情，那我的价值何在？随之，最奇怪的事情发生了。你知道我曾经跟格雷格和安妮（Anne）一起合作的那个活动吧？他们自己就做完了！他们想出的主意简直酷毙了。我真没想到。我的意思是，我想到了……但是我没有想到。”

谢丽尔是一名中层经理，但是她所描绘的这个时刻与我从很多已经取得类似突破的首席执行官和副总裁处听到的完全一样。我们已经从中提炼出了一个有点营销类型的版本，你可以从我们的网站上找到。我们的标题是《多些尤达，少点超人》。这是一个反直觉领导力支点（counterintuitive leadership pivot），源自于撤下了那个知道如何反败为胜的我们的版本，并换上了比较慢、比较安静的那个版本。一个提出问题来，等着其他人去找答案，而且一点都不担心在这个过程中会有些许的乐趣的版本。

谢丽尔从那个位置走了一条相对比较直的路线。在我的经验中，道路总是会有点曲折。但是，她越是关注截止日期、细节以及主动与他人就她的想法进行沟通，他们的反馈也就越多。

过去遗留下来的纷争和矛盾化解了。团队里的其他人又开始听她的话了。他们又开始找她寻求指导，但是现在是以一种新的方式。他们不会把她看成那种有事情去找她，她会给你气受的人。他们把她看成领导。稍后不久，我提升她到一个新的岗位，给她的新头衔更适合她越来越擅长的战略焦点。她的转变不是以完美直线的方式发生的，但是从来也没有谁能做到那样。随着时间的推移，尤其是当她接受了超出她的舒适区的新工作的时候，她还是会滑回到过去的习惯里。但是我们会进行讨论然后继续前进。

谢丽尔加倍依靠她的优点并没有让她成为部门的领导。通过把那些优点暂时冷冻，直到她不再需要用它们来掩饰某种感觉，直到它们不再是一块创可贴，专门用来掩盖她作为工作人员和人的价值方面存在的不安全感时，她成功了。她成功靠的不仅只是聚焦在小事情上，而是聚焦在特定类型的小事情上：以让我们与她渐行渐远的方式影响她的队友（包括她的老板）的那些微行为。结果，我们的团队变得前所未有的亲密无间。

第五章　权威藏在不起眼的行为中

不知道真理就在眼前，我们跑去天边找。

——白隐（Hakuin）

我不是优秀的冲浪运动员。我非常喜欢一种很文雅的 2 英尺慢地轮滑，对那种“天哪要砸到我头上来了”的类型不是很感冒。但是，追溯回我 2006 年学习冲浪的第二周，我很有一点初学者的小幸运。我跟随一位冲浪已经很有经验的朋友游进大海里，遇到了一波不同寻常的大浪，而且感觉自己应付起来好像还有点游刃有余似的。只是当我们游回岸上的时候，我的那位冲浪老手朋友才告诉我，这种浪是多么的不适合初学者。很幸运，我太嫩，根本不知道我当时有多么危险。我对谢丽尔的教导也是类似的情况，实在是撞到了“优秀的权威”新手的狗屎运。

在随后的几年间，我开始研发一种方法，想让我当初与谢丽尔进行过的那种谈话具备一定的明确性和可重复性。在Refound网站，我们已经把那种方法转换为一个流程，我们称之为问责刻度盘（Accountability Dial）（你将在第九章中了解到更多的内容），把我与谢丽尔谈话的内部架构进行分解。问责刻度盘将一步一步地向你展示如何与团队里的人进行这样的谈话，让你不再感觉像是摸着石头过河。

问责是一种技能。跟冲浪一样，完全是非自然的状态（至少对我来说是这样）！冲浪时，在你划入大浪中之前，必须得考虑一系列复杂的事情：角度的微妙变化以及这个浪头与刚过的浪头相比较的峰值、浪的规模和速度以及风速、你的体能水平，甚至冲浪人的礼仪情况、你所处的队列以及谁是下一个。在所有这些因素中，有一件事情必须得做，没有商量的余地：在某个点上，你必须选择一个浪头并冲进去。如果你不这样做，那么尽管你会拥有一个平和的早晨，在大海中让自己的思绪上下漂浮，但是你根本就没有冲到浪。在你的管理工作日常里，也会多次面临同样的选择。

在这里也有一系列复杂的事情你必须得考虑：每个人的历史绩效以及你与他们之间的关系水平、永远阴晴不定的情绪和士气、总是呈现出某种程度的功能失调的领导力和文化动态，而且最为重要的是，你是否因为又看到了某种你本来早就应该解决的事情而倍感沮丧。但是在某个点上，你得选一个浪，冲进去。如果你不这样做，那么尽管你明白团队里的人发生了什么问题而且自己也满腹经纶，但你也并没有做任何的管理工作。

在涉及管理一个团队的时候，“浪”就是行为：具体来说，就是你团队里的人日常表现出来的微行为。尤为重要的是你一直想要摈弃的那些行为：跟队友和跟你沟通不认真或者不明确、糟糕的时间和日程管理、掩盖缺点而不是寻求帮助、想要取悦你而不敢冒险、反复质疑事情而不解决问题、让项目的范围大过所需的规模、拈轻怕重，等等。颇具讽刺意味的是，这些行为好像本应该是那个精彩日子里的小烦恼，但其实却是我们要认真对待的“浪”，它们真的是。它们是很好的材料，是那种用来制造个人和专业成长梦想的材料。

大部分经理都会犯天真的错误，睁大眼睛盯着相反的那面。他们试图通过集体公告解决个人绩效和文化问题：那种关于把工作当成自己事情的要求、对消费者关怀更多一点、做一个好的沟通者等常规要求。经理们希望这些信息会传达到目标受众，会让大家采取行动改变那些无效行为。但是，其实大部分都达不到目的。不是因为大家都不关心或者不想成长，而是因为那不是成长会发生的方式，尤其是个人的成长。这些集体公告最多能指出需要改变的某些事情。但是它们本身并没有告诉大家如何去改变。

伟大的管理走的是相反的道路。首先，要告诉大家具体的行为如何造成具体的结果，包括正反两方面。然后，帮助大家看明白这些结果如何在他们的职业生涯中阻碍他们的发展。最后，以一种大家都能够看明白其中的各种联系的方式表述这些结果，说清楚那些在工作中阻碍他们成长的东西如何也在他们的生活中以类似而且通常是同样的方式阻碍他们的发展。顺序就是一切，从内容到背景而不是反其道而行。你将在第十章《好领导只提问题不给答案》中看到如何把所有这些结合到一起的详细情况。

光是就行为本身进行讨论是远远不够的。你会而且很可能得一直不停地讲，直到那些你将要从本书中看的事情把你气到脸都绿了为止。但是你一直没有把这些行为与它们所产生的影响联系起来，把它们放在这个人是谁以及他们如何影响，同时自己又被周边的人和动态力量影响的背景下来看。

在乔恩·荣森（Jon Ronson）的那本精彩而暗黑幽默的大作《精神病测试》一书中，有一段摘自一位自认为即将在对疾病的治疗上有重大发现的精神病医生的语录。“既然病人正在打破他们对别人的感受无动于衷的心理牢笼，真的就有希望了，我们所有人或多或少都受到了这个牢笼的禁锢。”顺便提一句，应该要求每个企业的董事会都开会学习一下这本书。

结果看来，这位精神病医生是过分乐观了，至少在真正的精神病人被治愈的可能性方面来说是这样。但是，这句话的其他部分因为与工作场所文化高度相关而深深地打动了我。事实上，它或许包含了诊断一家企业的文化健康与否的关键因素：我们可以说，一种文化的健康状况等同于在该环境下工作的人感觉他们的行为对他人影响的整体能力。说到这里，如果你是运用程序（App）开发者，有意愿帮助我建立一套追踪这个问题的工具的话，请给我电话。

我在作为企业领导者和领导力指导者的职业生涯中，反复多次看到的情况是，文化失调的原因，就是大家都感受不到自己对别人的影响。而且，在组织结构图上的位置越高，在对总体的文化影响方面，这个缺点造成的问题就越大。这就是为什么作为经理，在认识到自己对团队的影响之后，应该做的最重要的事情就是帮助大家看清楚他们相互间的影响，并帮助他们摈弃那些讲给自己听的维持固有习惯的煽情故事。

我在职业生涯中发现，此处讨论的那些产生影响的行为可以分解成 5 种情况，对此我在后面会做详细描述。这 5 种情况不是一成不变的，你经常会发现混合了几种情况的行为，但是，弄明白这些情况将会帮助你发现它们，并在你日常的工作中着手解决。因为我对简写的热爱不亚于任何人，我就把它们组织成为能够代表其使命的那个词：拥有者（OWNER），这是你希望团队里所有人都有的那种感觉，无论他们处于组织结构图上的哪个位置。

有时间观念

现在是上午 10:00。会议就定在这个时间开始。参会人员名单上有 6 个人，但是坐在会议室里的只有 3 人。他们都在聊着闲话。他们时不时偷瞄一眼手机，也许处理了几个简单的工作。这些都不是什么真正的问题。现在到了 10:05，另外 3 个人一起走进了会议室。大家相互寒暄。又是查看电话。有个座位还空着。马克（Mark）去哪里了？大家心照不宣地交换了一下眼神。又查看一遍电话。大家心照不宣。道歉。接下来还会发生很多事情，就是有一样不会发生：开始团队的工作。

这样的情况会导致公司破产吗？不会。但是请用经济学家那样的思维去想想。考虑一下，每一件小事，本身来说似乎无足轻重。但是如果纵观整个团队呢？纵观整个部门呢？纵观整个企业的文化呢？大家与时间的关系（以及大家不能知道他们与时间的关系将会如何影响到别人），就是一种让团队四分五裂的微妙力量。这就是你将会发现似乎很小的事情将如何对所有相关人员产生巨大影响的第一类行为。

我不是在讨论像这样的事情在什么时候会发生，甚至每隔一段时间发生一次。生活是复杂的，你最终要做的是把大家微管理到这样的点上，让他们连上卫生间都不敢，害怕会因此造成他们迟到两分钟。你要找出各种习惯：有些人总是会让别人好奇他们在哪里，或者必须得为他们打掩护；有些人会反复给你发出他们的截止日期是不能相信的信号；有些人会让你心里总是无法踏实。

现在，想象一下另外一种方式，当你向大家展示糟糕的时间管理会带来的影响，并让他们承担自己应该承担的责任时将会发生的情况。

现在是上午10点。大家都已经就位，他们在自己的位置上，要么控球，要么抢球，反正已经做好了准备。他们已经安排好了日程，所以不用从为这个会议背对背安排的另一个会议上匆忙地赶到这里来。他们为那5分钟与家人的通话安排好了时间，他们花了点时间备好了自己的咖啡或者茶，他们把笔记本翻到了崭新的一页（说明一下：我是个环保主义者，但是我更喜欢让大家带一本小笔记本和一支笔，而不是6台笔记本电脑，这种阵势看上去让人感觉就像老的战舰游戏中的场景）。

当会议开始的时候，大家都做好了开会的准备——放松、专注而且准备好了自己的发言。给创新思维准备好了更多的空间。大家相互间的了解每天都更多一点。而你不需要扮演任何人的家长这个角色。

言行一致

你是否曾经有过这样的情况：给别人发了一封电子邮件但是2天之后自己还在担心对方是否收到？多次查看发件箱想搞

清楚到底是怎么回事？哪怕你或许不是以这种方式考虑，但是所发生的情况就是，尽管你认为已经把球传给了别人，但是持球的人依然还是你。你想要传出去，传给队友、供应商、任何人，但是他们没有接住。他们以不做出反应的这种做法，把它又传回来给你处理，但是没有通知你。如果把这种情况反转过来会是什么情况？他们会不会为两天前，甚至昨天发给你的东西而着急地等待回复？交流是人们不能言行一致的最常见领域之一。而这是了解可以作为一场伟大的问责谈话的开场序幕的第二类微行为的途径。

假定说你团队中一名成员在一个进行中的项目上有一个截止日期是星期三。星期一下午，他们开始感觉这个截止日期存在危险。出于正当的理由（并不是没有尽力），他们意识到无法按照预期的质量按时完成。专业的做法是随时随地跟你保持联系。遗憾的是，大部分人在这种情况下的做法是隐瞒。他们习惯性地害怕，并选择了完全错误的方法，这就导致了沮丧的经理以及受损的关系。关键是，在他们做事的过程中，没有考虑其他的方法。这是一个开展培训的机会，让他们知道他们所做的选择如何影响了你和其他人，如何破坏了相互间的关系，侵蚀了信任，而且使他们离自己想成为的那种人更加遥远。他们应该直接听到这些话，从作为他们老板的你的口里。

糟糕沟通的所有形式都有一个共同问题：他们要求这条线的另外一端的人做的事情要多于这些人应该做的事情。问责的核心点出现在事情发生的同时，或者在发生后尽可能快地事无巨细地让他们知道是如何发生的。指导大家如何言行一致给了他们一个机会，让自己能够过上极度完整的个人生活，在这里，他们会努力以同样的方式把自己在工作中的价值观纳入到他们在家中的所作所为中，而且会秉持这样的原则："我要正确地做这件事情，因为我想成为以这种方式生活的那种人。我无所谓有没有人注意到这一点，也无所谓我是不是这个地方以这种方式行为处事的唯一一个人。这就是我想要的生活。"

直面挑战

个人成长不会是件舒服的事情。我要讲的不是那种在光鲜亮丽的生活杂志里所说的个人成长，而是真正改变我们自己的那种做法：那种脆弱的、让人尴尬的、不自在的，而且"天啊，又是那事?"心智正常的人都不会喜欢在镜子里欣赏自己的任何缺陷。我们所喜欢的，我们所想要的，只是个人成长的结果。

这就帮助解释了为什么我们会不顾一切地回避转变的真正过程，同时，或许还将帮助我们大家不再受“为什么如此艰难”这个问题的困扰。破坏或者阻碍自我成长的最常见方式，就是掩盖错误，或者大事化小，不让它们浮出水面。

我们已经把有关对保护自己不受权威伤害所需要的强大、古老而且通常很准确的所有情绪化的教诲内化到自己的思想里。很少有人曾经与我们必须以某种方式防范使自己不至于遭受其伤害的权威人物有过交往。我的团队里曾经有过一位年轻人，他在家里遭遇了恐怖的情况。我之前一直都只是略有耳闻，直到很久之后，在我们一个为期数月的关键项目的中期，他父母间的长期不和全面爆发，发展成为了一场战争。

他生活里的人、他所深爱的人，在做着相互伤害的可怕事情。他是一个极为敏感而且说话轻声细语的人，身处一个新城市，工作之外没有多少朋友，而且正在被卷入到父母的争斗中。他自己默默地承受着这一切。大家都看在眼里。他不想在工作时间谈论这件事情，这一点我很清楚。但是，我所能够帮助他做的，正是让他对我和对他的队友诚实地说明情况。这不是治疗。只是人性。当问题变得相当严峻的时候，他开口了：“哎，朋友们，我遇到麻烦了。”他的队友们做了你也会做的事情。他们以自己能够做得到的方式，为他分担了一点点。他们在没有逼他说出来，也不暴露任何隐私细节的情况下，帮助他一起挺了过来。这次所面临的挑战不是解决问题，所面临的挑战是愿意直面它。

分享我们的弱点会让别人认为我们不行的这种信念，就是一种病态。而且正如你可能经历过的那样，还是一种颇具讽刺意味的病态。因为当我们最终不再想别人可能会对我们做的所有那些坏事时，我们就真正地打开了心扉，就学到了一生中最为艰难的教训：真心对待我们的局限和弱点就是这里最大的优点。它让我们释放自己。我们一直用来掩饰的力量和努力不见了,让我们得到了过去视而不见的新的资源。接受我们的不完美，给了我们管理这些不完美的优势。而且，它打破了横亘在人们之间的那些人为的壁垒，这就是为什么大家愿意为表现出了这种优点的经理工作的原因：做一个并不是无所不知的，而且需要来自他人的帮助才能成长的经理，才是最为幸福的。

环顾你的团队，谁正在与什么状况作斗争？每个人都在与某种东西作着斗争。谁在成天认为他们的价值建立在干了多少工作而不是干得有多好上？谁在耗费如此大的精力取悦并奉承别人，因为害怕有人会看到他们的缺点？哪些人每天晚上都要把自己搞到精疲力竭，不想回到寂寞的公寓里？你的工作场所如何能够成为这样一个地方：让所有这些人少花一点时间和精力在假装那些问题不存在上面，从而多有一点归属感？环顾一下。把你看到的告诉他们。做好它。一连这样做上 1000 天，直到他们相信你为止。

接受错误

如果 Refound 有间休息室，在接受错误方面的不足就会是墙上所有漫画的主题。“我为由此造成的任何不便表示歉意。”“我们为延误道歉。”以及我们最喜欢的，“对不起，我保证这样的事情不会再次发生。”被认为是聪明的商业人士的我们，说出这件会形成我们真正想要的结果的唯一的事情来，为什么就这么难？这件事就是来自我们客户、来自我们同事以及来自我们自己的宽恕。我们为什么就不能说：“我真的搞砸了。我很抱歉你得来收拾这个烂摊子。我不确定我做的这些事情对我会有什么影响，但是我休息一下会再来，看看能不能把它搞定？”我们想从别人身上看到的就是这点简单的责任心。当我们知道是怎么回事的时候，就能够原谅各式各样的问题。

而当我们不清楚的时候，就很难迈过去这道坎。

我们大多心怀善念。事实上，我们的善念很伟大。我们不想伤害别人，而且想要尽到我们最大的努力。但是我们并不完美。我们会犯错。我们给他人造成困扰，让他们的生活更加艰难。而且，无论我们尽多大的努力去避免，还是会以我们的勤快或者懒惰、鼓噪或者沉默伤到他人。但是，不经意间伤害他人并不是问题，为此道歉也不是最终的解决方案——尽管千万记得要道歉！

解决方案存在于提升我们与错误之间的关系水平中。当团队里的人对错误心怀芥蒂，或者试图用绝地心灵控制术来对付你（“这不是你要找的错误”）的时候，就从降低工作速度入手。在紧张的工作日之外找个合适的时刻来讨论。“嘿，我看到了，不用担心，不是世界末日，我们能一起讨论一下吗？”

你的工作是为他们找到安全感。当然不是那种没有任何风险的安全（这在地球上是不存在的），而是那种“我们都是人”这样的安全。你无法不让他们感觉尴尬、羞愧或者有点愚蠢。对于时不时感觉自己像个傻瓜能够糟糕到哪里？只有在你的上级假装他们从来没有那种感觉的时候，才会是大问题。

潜在地改变命运的反语是，只有爽快地承认错误，我们才会学到经验。否则就没有摩擦。如果我们假装没事，粉饰它，为了家丑不外扬而小事化了，就会在我们在哪儿和我们想去哪儿之间的差异上迷失。真正的成长所要求的正好与此相反。当某个人还有空间为自己重复那种显然在阻碍自己进步的行为而感到失望的时候，去鼓励他，或者逗他高兴，反而会让他对自己极大地失去自信。

如果你给人留有余地，让他们去接受自己的错误，他们还有条件提出一些改变游戏规则的问题，像：“为什么我就得依靠系统而不能够应用自己更好的判断?”或者:“当我明知道错了，为什么不能采取行动，而是要假装没有看见?”请注意，这些关于工作的问题也适用于生活中。找出是哪些假设条件促使你重复犯错，将会让你成为一个更好的队友，而且或许也是一个更好的父母、配偶、朋友，等等。如果你让他们用一个空洞的道歉就得以脱身，那你潜在地剥夺了他们一次重要的学习机会。跟他们一起留在那里，帮助他们把点连成线。大家都是赢家。

冒险试对

大部分员工都认为，他们没有权力改变工作单位的文化，就算有也是微乎其微。真实的情况是几乎没有谁曾经去尝试过。至少，没有以一种有可能成功的方式去尝试。当他们敢于冒险尝试的时候，帮助他们看到由此带来的影响，是你可以帮助大家理解他们在团队和整个企业文化中所扮演的角色的另外一种方式。

某个星期天的深夜，我的商业伙伴跟我正认真检查着一个重要选择的最终细节。我们得决定我们要构建的应用程序要使用哪种编程语言。一边是年轻的新贵，一种叫作 Ruby on Rails 的语言，它可以让我们拥有设计上的灵活性以及后续更多的订制选项。另一边是现行的行业标准，它能够赋予我们期望的所有东西：更强大的支持，知道这种语言的开发者更多，等等。价格上的差异可以忽略。但是，新的技术会更艰难，而且我们需要花更长的时间来适应和实施。

我们另外还知道：团队真心想采用较新的技术。他们看到了这种技术的潜能，从长远看，能够用它做什么已经超出了我们这些 40 多岁的人的想象。这是一个艰难的决策，但是我们最后决定采用更为保守一些的选择。我们的团队还有另外的计划。

当我们进入星期一早上的全员会议，准备宣布这个消息时，看到每把椅子前都放了一张纸，好像是某种流程图。我们问，这是什么？团队中一个叫克里斯（Chris）的年轻人，你也可以叫他小队长，开口了。“嗯，我们有种感觉，知道你们这些家伙会怎么做决定。我们还想再争取一下。我们想出了一种办法，至少我们认为是这样，这个办法既能采用 Ruby on Rails，同时仍然还能够满足时间上的要求。”我们很快就看懂了他们提出的方案，但还是告诉他们我们需要几天的时间再考虑一下。在我们离开这场时间上比我们预计的短了许多的会议时，我那位满脸严厉表情的合作者转身面对他们：“你们敢质疑我们的权威?”——这个做法让他们知道他们的胜利近在咫尺。那个星期五晚上，我们举办了一场盛大的公司聚会。

我们没有当场同意只是为奖励他们敢于冒险的行为。它必须是明智的，而它确实是明智的。但是，我们不厌其烦地为这次冒险而称赞这个团队,尤其是克里斯。在一次公司全员会议上，我们重新复盘了整件事情，并分享了大家一起来帮助我们做出这个将会影响到团队里每一个人的决策的每一个步骤。我们想让大家知道，对于我们来说，“冒险试对”是什么样子的。

你如何为团队里的人做这样的事？不一定都得像上面的例子那样充满了戏剧性。你今天就会碰到较小一些的机遇，而且明天可能会更多。谁取消了一次他们意识到没有必要的会议？当一个更复杂的答案应该顺理成章地提交的时候，谁花时间给你找到了一个简单明了的？谁给顾客退了款，尽管有点不太符合规定，但因为是正当的？谁敢于挑头出来跟你理论，说他在另外一个团队的朋友遭遇了他们经理不公平的对待？谁讲了大实话？无论你认为它多么微不足道，它其实并不是。它很重要。让他们知道你在留意。明确地告诉他们，他们所做的这些事情对你来说意味着什么。

在本章里，你或许已经有些想法涌上了心头，但是简单扫描一下你的团队。在所有这些方面，你的每一个团队成员在哪一方面最有成长空间？（如果你是位教练或者咨询顾问，看看这些行为在你的客户中是如何表现的。）寻找小事情。不要放过让你沮丧或者你知道会让团队中其他人沮丧的任何习惯。也不要忘了正面的习惯，大家为对抗强势的调整而冒一些小风险，缩头保护自己。你的伟大导师工作的素材全都来自于那些不起眼的时刻，那些助你帮他们从现在的位置去到他们甚至想都想不到的地方的面包屑痕迹（breadcrumb trail）。

学会如何面对并熟练应用这 5 种类型的微行为，把它们作为开始关于更大主题谈话的方式，就是伟大导师工作的艺术。如果你愿意冒险尝试，这就是你能够给予你的世界里所有人的一份礼物。而且，正如你可以看到的，这份礼物不是你给出的建议，也不是你建议了多少次。它会以每日数百次的作为与不作为的日常小事的形式，在行为层面出现在大家中间，这些日常小事往往不是帮助把团队里的所有人凝聚在一起，就是闹得四分五裂。

在我们继续后面的讨论之前，请务必记住，在某种程度上，他们面临的风险要高于你。就算你们双方都同意，他们一直以来的做事方式不会让他们心想事成，你仍然要要求他们检查并改变行为模式以及长期秉持的信念。站在权威的位置上，这样要求他人会令人很不舒服，但不舒服是应该的，因为那意味着你把它当成了一项神圣的工作。我们大家都想要的改变不会轻易得到。它们需要失败和大量的错误。尝试是脆弱的，而且变得更好之前总会经历更坏。会存在一个停滞期，而且持续的时间会比我们想象的更久。但是，如果你坚持不懈，保持内心的开放，保持头脑敏锐，对于所有人来说，远期的预测都是好的。

出发。

第二部分

问责而不指责

第六章　为自己工作而不是为老板工作

改变游戏，别让游戏改变你。

——麦克雷摩尔（Macklemore）

我们正处于一个寻求治愈的社会。而且我们找得很艰难。我居住在俄勒冈州的阿什兰，这是一座位于加利福尼亚州边界上的小镇。在这座小镇里，你去杂货店里买盒鸡蛋，要想不碰到咨询顾问、教练或者这样那样的治疗师是根本不可能的。服务这座小镇上的 20,000 人的瑜伽馆不少于 6 个，针灸室不下 17 家，以有机产品为主的超市 3 家，有证的治疗师将近 100 人（以及相同数量的无证治疗师），另外还有数不胜数的生活教练、营养师、自然理疗师（naturopath）、正骨师（chiropractor）

等等。而我们这个小镇并没有什么特殊之处。这种用治愈悄悄地但是不怀好意地接管世界的情况在整个美国愈演愈烈，所有城市，无论大小，都在发生，而且遍及从名人奥普拉（Oprah）到名城奥马哈（Omaha）的每一个角落。

商界现在正积极接受这些思想和技术中的大部分内容。《财富》500 强企业相继为员工提供正念式冥想、意识形式的交流以及像瑜伽这样的身心练习，更不用说批准把替代医疗方法纳入到员工的保险计划之中了。而提供结合某种个人成长偏好的公司静修的机构，自身也发展成为一种规模不小的产业。想让世界更加美好的善意和好心人都如此之多。为什么他们不能做得更好？是贪婪吗？还是只是因为世界身陷于资本主义体系，竞争迫使大家陷入一个谁也无法胜出的讨价还价中，他们不得不以“别太过分，能拿什么算什么”的方式对待别人？让世界更加多一点点美好是我们所能够期望的最好的情况吗？

让我们立刻回到这些问题上，并且从一个更为基础的问题开始：在寻求治愈的过程中我们要寻找什么东西？安全的说法是，在所有这些形式中我们所寻找的本质上是一个东西：我们在寻找天下大同。我们想要找回一种好像遗失在某个地方的自我感觉，感觉到我们的生命是自己的，我们归属于一个我们认同其价值观的人类群体，无论这个群体多么小，而且我们要成为这个被称为生命的珍宝中的绝大部分。我们要遍访所有这些治愈师、老师以及教练（他们当然也在自己的生命中寻找来自他人的同样的帮助），而且，以这样或者那样的方式说："帮帮我。我想超越自我，但是遇到了瓶颈。要是参加你们的培训，你们会看到什么关于我的我没看到的潜质？要想更接近我想去的地方，还能做点什么别的事情？"

员工曾经多少次问过他们的经理这样的问题？尽管经理们那么频繁而且有规律地看到我们在与他人的关系上面临压力，但他们却是我们在生活中不会去寻求帮助的人，而且更为严重的是，他们不认为跟我们讲这些事情是自己职责的一部分。这种情况难道不是很有意思吗？这些白白浪费掉的人类潜能对于双方来说都是悲剧。在自己每天耗费时间最多的地方，我们自然能够学到很多关于自己的教训，如果我们对所有这些教训都视而不见的话，如何能够得到想要的天下大同？

企业文化的声音已经在尝试进入这个断层，并且开始了一种新的对话：基于数据的工具构建者尝试以新的方法跟踪士气和绩效；专注于交流的培训师和咨询顾问，包括本书的作者，尝试帮助领导人更加清晰地看清楚周围发生的情况，让他们能够采取更加坚定的步伐进行改进。所有在关注的人都看到了同样的问题：领导人在拼命地奋斗着，但是由于担心被利用或者被占便宜，仍然还是不敢冒险真正地袒露胸怀；一线的员工从一个工作换到另外一个工作，想寻找一种真正有意义的感觉；经理夹在中间，以不知所措而且只求自保的方式，尽力想把团队尽可能地维系在一起，完成工作。这不是什么好笑的事情。这是一个巨大的问题，同时也是一个巨大机遇。

在我们讨论如何抓住这个机遇之前，需要搞清楚个人治愈和文化变革的趋势如何才能够一起或者不一起到来。当我们怀着这些美好的愿望谈论文化的时候，为什么仍然感觉如此模糊不清？文化是什么，而且如何才能把它做得更好？原因在于，我们正在尝试在不首先改变控制着它的那些基础协议的情况下，把个人成长和精神理想带入到工作场所。

现有的协议都产生自工业革命时代，而且当然还可追溯到之前的数千年：深深秉持的理念是为老板工作。在我们改变这种情况之前，所做的任何事情都将只是在原来的问题上面又盖上一层，而不是一个解决这个问题的方案。我们必须尽力扭转乾坤，并一遍遍尝试，直到找到正确的方法。我们必须找到一种方法，改变我们关于文化变革是什么，以及文化变革为谁而变的思维模式。最终，只有在把主要目标确定为服务于每一个个体之后，文化进步才可能出现。这就是新的协议。而且是像戴维（David）这样的员工正在等待的那种协议。

我与戴维的相识要回溯到2011年冬季的一次会议。这是一家中型的金融咨询公司为表彰上年度杰出员工而举办的盛会，200名销售收入最高的员工从世界各地的700名员工中脱颖而出。公司首席执行官格雷格是我博客的一名粉丝，他邀请我来谈谈言行一致这个话题。我刚完成主旨演讲，在房间后面有一搭没一搭地回答着问题，等着散会后的午餐。这一场演讲并不是我做得最好的。那时我才刚开始做主旨巡回演讲，还太过于担心在讲台上把自己愚蠢的一面暴露在观众面前。我正站在房间后面，这时戴维从摩肩接踵的人群中向我走过来，从他的步伐中能看出他带有目的性。他不慌不忙。他的脸色不好。他是东道公司的副总裁，我们昨天晚上在酒店的酒吧里一起喝过啤酒。

“嗨，乔纳森，我能跟你说点事吗？”

“当然了，戴维，什么事？”

“你的讲话真的很让我气愤。”

我的心一下子沉了下去。“我知道，我知道，我对此表示道歉。”我准备好了开口，但是尽量让自己保持镇静，多听少说，“怎么回事?”

“啊，你说的这些在我们公司全都是扯淡。”

我内心的自责释然了，专心致志地听他继续讲下去。

“所有的这些毫无用处的伟大思想我都听腻了。每个季度提出一个将会改变文化的新想法，我感觉自己永远都在炒冷饭。我认为格雷格不是有意要这样，但是我们大家都非常清楚，他就是想要点新鲜感，但是并不真正知道自己在做什么。很不好意思，我莽撞了，但是心里真的太憋屈。”

“真的很抱歉，戴维。我真的希望你是第一个跟我讲这种事情的人。”

“乔纳森，我已经在这个公司干了 7 年了。我想自己就是不知道还能做点什么。”

“你认为自己为什么会一直留在这里?”从我们昨天晚上的交谈中，我知道肯定不是因为钱。

“因为我太在意这个地方了。我认为我们能够比现在好很多。只要我们能够脚踏实地去做那些我们讨论的事情而不是老是停留在讨论上。”

我们继续聊了一会儿，然后我问了戴维一个问题，把他给问住了。

“你考虑过跟格雷格一起谈谈这些想法吗？”

“你是什么意思？”

“我的意思是，你是副总裁。你在这里已经 7 年了。为什么不尝试去跟他谈谈某些问题？你需要找到正确的时机，而且说清楚你来自一个自己多么在意的地方，以及你多么想为在这里工作的人真正地去实现它。然后，把你如何让那种情况发生的一些想法告诉他。”

“这真的是我该做的事情。”

我们又交谈了几分钟，然后戴维慢悠悠地走开了，似乎已经下定了迈出下一步的决心。我不知道他是否去做了。我担心他会像我们经常做的那样：先入为主地认为无法让改变发生，不敢冒被伤害的风险，而是为了保护自己，宁愿把自己的不开心咽到肚子里，最后只会付出更大的个人代价。

戴维的问题不在于格雷格的想法。戴维真的很喜欢格雷格，敬重他，而且以很多种不同的方式仰慕他。戴维的问题在于格雷格在文化变革工作中如何定位自己的角色，以及他与变革本身之间的关系。与所有我认识的其他首席执行官和领导人一样，格雷格做的是自己认为对的事情。他想要的东西跟所有领导人想要的是一样的：希望大家为自己的工作承担起应有的责任；创造性地而且敢于冒险去推进企业的发展；而且正如他那天上午在早餐时告诉我的，他真心想打造出一种同时支持个人生活和团队目标的文化。

格雷格不理解的是，文化不是内容，而是背景。正如我在自己职业生涯中所做的一样，他也尝试在不首先解决大家日常生活中所处的功能失调的文化现实的情况下，通过增加好的文化思想来改变环境。这就是他失败的原因。团队成员感觉相互间没有关系，无论他说什么，或者他们知道他的本意有多好，但是他们生活在一个跟他完全不同的现实世界里。他们被鼓励去追求自己的目标，但总是撞到一堵看不见的墙上，这堵墙让他们只能在格雷格的舒适区间内活动。这就把我们带入到改变文化所需的两个步骤中的第一个步骤。

第一步：首席执行官或者老板必须敞开大门。这样做唯一的办法就是承认自己不知道怎么办。这是一个脆弱的时刻。这只是一个时刻，但我亲眼看着很多首席执行官已经拖延了数十年之久。其实，需要做的也就是这样：“嘿，朋友们，我真的想把这里打造成一个伟大的工作场所。而且，正如你们所知道的，在过去的几年里，我已经做过了很多尝试。但是现实的情况是，尽管公司业务在很多方面都有了很大的提升，但是当涉及文化——大家对来这里工作是什么样的感受时，我知道一直没能按照你们所需要的方式做过什么改变。我不知道如何改变，但是我想跟你们就这个问题开始谈一谈。好吗?”讨论优点。这是那种我想为之效力的领导人类型。

如果我是这个想象出来的首席执行官的下属，我想，在这个时刻自己应该感觉跟他走得更近了点，我会因为他们而感觉到某种激情，而且我会有种跃跃欲试的感觉。不是因为他们有了答案，而是因为他们有勇气承认他们不知道。因为，通过承认自己的局限，允许他人靠近，首席执行官朝着把公司看成一个超越了他们已经知道的或者可以设计出的那个愿景又向前迈出了第一步，能够迈出这一步的也只有他。就在这个时刻，首席执行官把大家之间的协议改变了。

然后，而且也只有然后，首席执行官获得了要求团队去做同样事情的权力。没有这一步的话，也不是说什么改变都不会有，而是改变的过程将会受到它的巨大限制。你知道原因吗？因为要是首席执行官在文化变革谈话中得到豁免的话，其实就发出了一种明确的声音：组织优先，目标和结果比大家为这些目标的付出更为重要，无论公司的价值观说了什么或者分享了多少激动人心的思想理念。当首席执行官通过改变与老的协议之间的个人关系，翻到老协议的那一页时，文化变革的过程才会真正开始。

改变文化所需的第二步必须要由团队里的其他人来进行，要在组织的所有层面铺开。所有人都通过 100% 为自己的行为负责，认同了由首席执行官提出的这个新协议。而且就算他们的经理不认同，他们也通过在没人监督的情况下干出优秀的工作、以超出工作手册的要求关怀顾客，以及当感觉同事被不公正对待的时候为其鸣不平而自己认可了协议，因为通过这样的做法，他们会有一种喜欢自己的感觉。

个人成长需要冒险。它要求胸怀坦荡。需要有不怕被伤害的意愿，而且承认尽管我们的本意是好的，但有时候也会伤害到别人。我们不会在表面好看的同时又能够成长。我们所得到的将是终极礼物——从镜子中看到我们如何在不经意间把别人推开，我们如何保持距离并且谨言慎行，然后又谴责他人以这样的方式对待我们。还会看到当我们垂下脑袋，让权谋大获全胜，而没有冒险说“这里有问题。我们要比这更好”时，如何出卖了自己。

个人成长并不意味着改变自我，尽管那是成长中的一部分。它意味着让我们生命中的那些贵人来改变我们，帮助并就抛弃那些习得的敷衍方法对我们问责，以便我们能够重新发现新版本的自己，我们知道这个版本是存在的，只是一直很难触及。最好的个人成长是在我们处理各种关系的过程中出现的那种类型，尤其是当所牵涉的利害关系关系重大的时候，帮助我们找到合适的动机，挑艰难的事情做，而不是只拣软柿子捏的那种类型。工作不应该成为封闭我们个人成长的地方。它应该是让我们如鱼得水的地方。然而，如何做，则是完全不同的另外一个问题。

第七章　满腹牢骚的员工才是企业的发言人

听到的内容会被别人改变。

——艾伦·艾尔达（Alan Alda）

我们一直在讲影响，但有一个问题根本没有提及：要想脱离自己的世界久一点，久到足以看到并感觉到自己的行为对他人或者群体造成的影响，是多么的艰难。不是我们希望或者打算让它如何影响他们，而是从他们的角度看它如何造成影响。另一方面，你是否遇到过这样的情况？就是别人毫不掩饰地承认他们的行为影响了你，坦承如何伤到你，根本不为自己的所作所为找借口或者推卸责任？有意思的是，无论我们取得了多大进步，但是真诚的道歉似乎依然凤毛麟角。“我伤害了你。

我能从你对我所作所为的反应中看出来。我很抱歉。但是，抱歉就是一句话。我很在意我们之间的关系，只要有可能我都会尽力维系，所以，我会搞清楚为什么以前我会认为可以那样做。”

在我们的私人生活里，这是很难做到的，在工作中也同样很难，站在经理和员工这两方面的角度看，情况都是一样的。员工做出一个真诚的道歉，与让经理做出一个来同样难得。但是，我已经发现，有一些独特的问题会让你更难感觉到自己对文化的影响，而且在组织结构图上的位置越高，就越难感觉到。从这个角度上说，处于首席执行官的位置是最为艰难的。

对此有一个理由最让我难以忘怀，这也是我为什么会为它只是文化谈话中的一部分内容感到奇怪的原因。这个理由就是：在企业里，对于为首席执行官们工作是什么样的感觉这个问题，唯一没有直接经验的人就是首席执行官自己。无论多努力地去尝试或者征询反馈意见，他们都无法把自己与在自己所打造出来的文化中工作的感觉完全地相互关联起来。然而，尽管首席执行官受这个无法回避的盲点的折磨最为严重，但是，无论是我们手下只有一名员工，还是一个管理着 50 名员工的部门，还是万人之上的首席执行官，它对我们认识自己在团队中所形成的文化的能力，形成了真正的制约。

马库斯（Marcus）处于这个范围中间的某个位置。他是一家不缺钱的初创公司的首席执行官，这家公司主要为像 Apple Watch（苹果手表）这样的可穿戴技术产品开发应用程序。他在 2011 年开办了公司，时年 33 岁，而且刚刚离开一家大型科技企业的董事位置。尽管在头几年里生意时好时坏是不可避免的事情，但是马库斯和他的团队发展到他们今天的地位相对来说比大多数企业要稳得多。市场对他们所搭建的产品，以及他们把产品销售出去的方式都非常认可，而且总体来说，他们是一家很好打交道的企业。在创建伊始的头 5 年间，公司员工增长到了 65 人，相对而言，从一开始就加入公司的人则很少。

马库斯对文化的热情很高，而且他知道文化的重要性。对他来说，那不是理论上装装门面的事情。要是你问，他会说，“文化即一切。”他知道，员工每天来工作所获得的体验，将直接转化为顾客的体验，并直接影响他每个月的财务报表。他会反复编写价值观宣言，企业发展的 5 年愿景，而且还有一个与短期和长期目标挂钩的红利计划。按照他的理解，以及他在网络上和领导力书籍中看到的，他所做的所有事情都是正确的。

而且他这样的情况并不罕见。2014 年年底，在已经成为惯例的年度活动上，团队被赋予了给文化打分的机会。满分为 10 分，他们打了 8.9 分。如果你们有机会像我几个月前那样从公司的大厅中走过一遭，就会看到大家面带笑容，充满生机，而且会很兴奋地欢迎新面孔加入到他们中间。但是，有些事情做错了。错得很离谱。

戴尔(Dale)是公司的4位资深董事之一,此时正在外面度假。在那一周的团队会议上，马库斯问一些经理，关于文化，他们觉得最需要改变的是什么东西。在组织内部，这些经理的地位在戴尔之下。我们鼓励所有的客户都问这个问题，哪怕在工作开展得非常好的那些时候。大家讲了一些不同的事情，没有哪个不是马库斯之前曾经以这样或者那样的方式听到过的。他做了些笔记，以便在周末的时候能够思考一下他们的反馈，并在下一次会议上与他们重新讨论这些问题。

但是，有些问题在困扰着他。苏珊娜（Suzanne）是他的销售骨干，这次却一反常态地不吭声。尽管他不愿意让任何人成为焦点，但还是采取了额外的步骤，问她有没有什么话跟大家分享。她说没有。会议结束后，他依然还是不能释怀。稍顷之后，他在大厅里遇到了她，并且问她是否有一分钟的空闲时间。他们躲进旁边的一间会议室，掩上了门。真相暴露出来了。当时我没在现场，下面是马库斯跟我提到的他们之间的对话：

“我感觉你心里有事，但是好像不想跟大家分享，我没有看错吧？”马库斯问。

“这个事情我真的不敢说什么，但是，怎么说呢？你是对的，再也没有道理坐以待毙了。”

“再也没有？”马库斯的好奇心被激起来了。

“你看，马库斯，我知道戴尔跟你是一伙的……我知道你们相约着一起回学校……但是他对待我们的方式太恶心了。”

“我们？”现在，马库斯真的如坠五里云雾。

意识到马库斯真的在听，而且终于可以一吐为快，她继续说道：“女人们，马库斯。我过去以为只是我自己。我忍了一阵子，具体的名字就不讲了，反正就是知道不单单是我。”

“好吧，苏珊娜……我会尽量尽快搞清楚这件事。我以前并不知道……你为什么不早说呢？我们认识也已经好几年了。”

“你不记得了？”苏珊娜意识到他不记得了，“还记得两年前戴尔开除詹妮弗（Jennifer）时候的情况吗？你还记得当时你怎么跟我说的？”

马库斯的心一下子跌落到了地板上。所有的事情一下子涌回到脑海里。他想起了自己当时是如何指责詹妮弗的，说她如何“被动攻击（passive-aggressive）”，以及没有了她团队如何能够更好。他们谈了几分钟，约好了当天稍晚的时候再接着聊。与苏珊娜刚一离开那间会议室，马库斯马上做了件他最拿手的事情。他立刻进入到行动模式。（一方面，这可以说是优点，从另一方面，又可以说是缺点，但是稍后我们将会讨论这个问题。）他开始了几场与团队中女士的私密谈话，告诉她们他认识到了这个问题，而且要想办法解决。他给我发了封邮件，表达了他的焦虑，也是释然（问题现在浮出了水面），以及他现在要对此做点事情的决心。

我们用了整场的团体视频会议讨论了这个问题。他很乐意跟他那一组的其他首席执行官们分享，而且在会上也得到了其他人很好的反馈意见。但是他在这个过程中所说的某些事情让我感到困惑。我应该在之前就听到他提到这个问题才对，但这个问题的重要性一直到了此刻才显现出来。试试看你是否能够抓住问题出在哪里。

“我很高兴问题提出来了。我的意思是，我们将会看到 3 位高级董事和 25% 的员工走出那道门。我不是开玩笑。我很愿意大家全面地讨论这个事情。我认为我们能够解决。但是有个问题一直在困扰着我。为什么过去没有任何人站出来说任何的事情？在我们已经做了所有这一切之后，怎么还会是这个样子？他们把这种问题告诉我会感觉到不安全吗？我的意思是我每天都出现在那里，甚至都没有一间独用的办公室，我就在大厅里的工位上成天跟他们混在一起。我认为从某些方面看，我们的文化是很不错的，但从另外的方面看，一定有什么事情真的做错了……我一辈子都无法搞清楚到底是什么问题。”

你听到了什么？马库斯的说法里有没有什么东西让你觉得很奇怪？如果你愿意，返回去再看一遍。尝试在心里把它放大。想象马库斯在说一种外语，你正试图找出一个能够帮助你理解的关键词或者是短语。

为了尽可能地与团队中的其他人分享我的思维过程，下面是马库斯讲完后我所说的话：“所以，这就是我听到的马库斯的讲述。我在想……好吧，所以说有某种不为人知的力量造成了这种局面。不是说戴尔，尽管他当然是其中的一部分，但是大家出于某种理由会感觉不安全……”（我可以从在场的其他首席执行官中某一位的面部表情上看出她也从中听出了我所听到的内容，只是在当时没有讲出来）。说句离题的话，我想要教会领导人们培养信心要做的核心事情之一就是这个：感觉到什么问题就说什么问题。你不会失去什么。

“马库斯，我能问个问题吗？在我听你讲述的时候，有个问题让我觉得奇怪。你为什么没有一间办公室？”

马库斯用手捂住了额头，混杂着尴尬和释然——这样的领导力时刻如此常见是不是让人感觉很可笑？

“我的天哪。他们真的是没有一个安全的地方。因为我没有可以关起门来的房间，他们没有办法来跟我说私密的话！”

“其实，还有另一件事情。”玛姬（Maggie）说，这个人早前一言不发，现在想要在我表现教练才华的时刻来抢风头。（开句玩笑而已，在你殚心竭虑想帮助某个人突破身上的壳的时候，他终于敢冒险讲出自己的心里话了，在这个世界上，还有什么感觉能比这来得更爽呢？）

“不拥有一间办公室，你还传递出了另外一层意思，”玛姬继续说道，“你每天都在外面，我能够想象得到大家会这样想，‘哦，马库斯肯定是看到了戴尔是如何对待团队中的女士的，而且他对此一定也是认可的。’”

马库斯不需要一根最后的稻草，但这就是那根最后的稻草了。作为推动这个文化时刻流程的一部分，而且也只是一部分，他与他的团队分享了这个新的感悟。团队中的女士承认,实际上,被高层领导团队每天虎视眈眈地盯着,她们都感觉到有点害怕,不只是怕戴尔,也怕马库斯。她们不知道该怎么讲,因为与公司保持一致似乎是公司文化很重要的一个组成部分。

在接下来的24小时,团队重新安排了办公室。马库斯在他的首席执行官同伴群里贴出了一张他的办公室新景象的照片。文化走上了一次重大治愈时刻的正途。他们亲身体验了在对打造协作和团队工作的期盼中很容易被忘记的一种情况:健康的关系,包括职业的和个人的,需要保持一定的距离。每个人都需要自己的空间。这并不意味着每个人都要有自己的办公室。做这件事情有大量的创新方法,就像马库斯和他的团队利用他们已经拥有的仅有的空间和办公桌在几天之内所做的那样。但是,大家都需要一个在工作时思考和感悟的地方,还需要一个空间能够表达对老板的不满,而不用整天强颜欢笑。

打造出一个私人空间只是其中的一个部分。马库斯还得向团队证明,这个空间是安全的。他公开了那一周所有的日程安排,让所有需要的人都可以来找他交谈。几乎所有人都来过,而不仅只是办公室里的女士。马库斯打开了他的大门——在他这个事例中实际上是关闭!展示他根除这个问题的决心。他也让大家知道，他清楚这个过程会很耗时，而且他全程都会和大家在一起。那就是说，一旦马库斯尽他自己的一切可能，全面而且透明地打开了空间，事情就开始快速地发生变化。

有一个能够自由交谈的地方其实有两个好处。第一个而且也是最重要的一个，它给了团队里的女士们一个机会，打开了过去一直以来觉得为了保住工作必须逆来顺受的心结。而且因为有机会打开那些心结，她们也能够释怀。第二个，新的空间为戴尔做了些事情。它给了戴尔一个空间，让他进行自省，而且他确实也是这样做了。数周之后，他走向团队里的这些女士，给她们一一道歉。而这正是他自己的治愈发生的时候。他发现大脑里出现的声音和判断错了。戴尔团队里的女士们也不记仇。她们并不希望他被炒也不想要他辞职。她们都在心里默默地为他鼓劲，知道他正经历艰难的时刻。正如其中的一位女士所说（她并不知道本书的副标题）：她们支持他成为她们所期盼的领导者。

大家都是人。像马库斯在过去几日里那样地揭自己的疮疤是很艰难的，而且通常是不可能的。我们需要他人的帮助。我们需要有信得过的人指出那些我们还没有看到的事情。提出帮助的请求是艰难的。由于担心我们甚至可能连提出正确的问题来都做不到，让我们连尝试一下的勇气都没有了。但只有这样，我们才能明白，真实的情况远不是我们从个人的局限角度所认为的真相。真正的真相通常远比我们想象的要简单得多，而且，它带给我们团队的深远的正面影响，是任何的团建研讨会或者鼓动性发言所能产生的影响无法比拟的。

文化倾听是一种能够透过现象看本质的技能。它是作为领导人需要掌握的极其强大的工具，无论是首席执行官还是团队领导者，甚至是初创公司的个体老板。马库斯越是认真思考这些问题，就越是能够发现，正如苏珊娜所暗示的，这些问题的种子早在几年前就已经种下了。而且尽管他现在已经跟以前有所不同了，但是那种类型的文化故事仍然具有难以想象的力量。你现在身处的那种文化历史能不能用马库斯的办法来斩草除根？

如果团队没有就文化和人际问题来找你的麻烦，不要以为你们不存在这一类的问题。很可能是出于某种理由，他们觉得站出来说话感觉就像把脖子伸得太长，会很不舒服。

大家会有很多理由脱离你的团队，也可能缄口不言。最常见的一种情况，就是他们感觉好像没有说话的必要，也就是无论他们尝试了多少次，或者尝试了多少种方法来改变，他们说的话全都落到了聋子的耳朵上。把员工敬业度神话（第三章的内容）时刻牢记在心上。没有人像你那样关心的这种想法是不对的。只是条件还不允许，所以他们无法以你和他们同时都能赢的方式来表达。

在你的文化中，根本性的领导力如何体现？它们的体现可以以有形的形式，就像马库斯的办公室这个例子里的情况一样，有一间实体的办公室，而且里面坐着那个特定的人。体现方式也可以以会议的主持形式，或者谁主持会议的方式；可以安排对组织结构图进行调整，更新隶属关系以反映当前现实；也可能是有些造成怨气的沟通标准没有明说；等等。一定要记好，就算以一种表面的方式（比如，通过重新安排办公桌）解决了问题之后，接下来的工作还是处理那些从一开始就存在的情感故事，避免你在其他地方重蹈覆辙。

从马库斯的故事里，我们能够总结出3种重要的领导技能，其中的每一种都可以用于提升自己的文化倾听技能：

1. 把满腹牢骚的员工看成是代言人。

当苏珊娜最终说出了她的抱怨的时候，马库斯并没有驳斥她,也没有掉入这样的思维陷阱,认为她的抱怨只是她个人的事。从某些方面看，马库斯与她的关系很铁，但千万记住，实际的情况并不总是如此。最有用的信息往往来自于那些很难听到的声音，来自于那些总是牢骚满腹的人或者那些老是遭到抱怨的人，还有那些因为其他原因让你感到头痛的人。此处的关键是过滤掉尽可能多的背景噪声，让你能够听清楚这段话语本身的意思。

无论在什么样的情形下，也不让他们推脱自己的责任，他们真实的立场是什么？他们会告诉你在其他情况下或许听不到的什么事情？你能够把他们的沮丧与某一个你现在或许都做不到的公司价值观联系起来吗？除了为大家把事情做得更好的这种无害的私心，对他们提供给你的所有资料，你如何能完全负起责任来？

你的目标是诚实地反馈。你的任务是只要有可能就要弄清楚，无论想要听到真话会有多艰难。你不必是一位知道如何做这件事的伟大的领导人，因为通过做这件事，你会成为一位伟大的领导人。对满腹牢骚的员工如何处理，会给团队里的其他人传递出重要的信息，让他们知道你如何对待不同意见。你会制止吗？或者，只要不同意见还值得尊重，你能学会站在不偏不倚的立场上倾听吗？你可能会惊奇地发现，某个你认为反对你的人实际上与你的观点高度一致，而且可能是你文化变革工作中的热情盟友。或许，他们所需要的就只是一次让自己的声音发挥作用的经历而已。考虑一下这个问题：或许处于权威位置的人谁也不曾给过他们那种体验。如果你给了他们，会是怎样的情况？

2. 假定问题已经在一段时间内引发了兴趣。

揭示出一个根深蒂固的文化问题可能是个巨大的惊喜。就像面对现实可能遭遇的尴尬、难为情或者不自在一样，因为它已经在那里摆着，造成士气低落、为不敬业创造条件，并影响团队的整体绩效和长期健康发展。把它拿到明处，以透明的方式处理，可能是你文化中的一个转折关头，尤其对于那些一直想要让它引起领导层的关注的人来说。这也是对他们在谁也不愿听的时候，敢于冒险试对的一种奖励。

这样说的意思也并不是让你贸然行事。当遭遇文化问题的时候，很容易过快进入到行动模式中。保持在资料收集模式。请相信通过直面问题，你已经取得了足够的领先地位，有时间在采取下一个步骤之前更深入地考虑清楚形势。一封简单的电子邮件，或者如果你有场地，在团队会议上发表一个简短声明，就是你第一步需要做的事情。“嘿，弟兄们，我意识到了这个问题。我正在跟所有我能想到的每一个人就这个问题进行谈话，就要揭到它的老底了。几天之后我们会花更多时间讨论这个事情。”这能让你的团队成员大舒一口气，安心地返回到工作上，并按照他们自己的方式处理事情。如果你不想老是藏着掖着，就不会有聚集成谣言的胡说八道。

3. 从他们的话语中听出背后他们想表达的真实意思。

经过一段时间之后，还有另外一种文化倾听你也可以使用。就是把那些似乎很随意的或者漫不经心说出来的话当成严肃的事情。在人们说出的话与真正的意思之间往往存在着差异。这不是说他们在对你撒谎，而是他们以一种自己认为（或者学会了）从字面上能够接受的版本把真相告诉给了你。如果你学会让他们慢下来，就会发现这些漫不经心的说法可能是开始一场指导谈话的魔法时刻，它能够深入到问题的表面之下，这在我们这个快节奏的世界里是很难做到的事情。

下面是你会听到的最常见的可以用做展开更有意义谈话机会的 5 种情况，这 5 种情况很容易会以表面的理解而被驳回。

A. 当有人说“我想升职”的时候，掩藏在背后的情感故事可能会是：“我觉得你并不真正看重我在这里所做的工作的价值。并不是我想要所有的利益，而是想让我个人的贡献能够以一种更有意义的方式得到认可，而不只是以我在团队中的角色来看待我。对此我已经尝试过告诉你，但是从来没有什么真正的效果。要求升职是我最后的努力。”

B. 当有人说“今天我能够在家里工作吗?”（或者在你们的文化里是“今天我将在家里工作”）的时候，他们说的意思可能是，“这个星期太艰苦了，我需要休息一下。真的太失败了，在这个项目上，我们一直在撞同一道南墙。”不是说你不应该让他放松一下，而是说你还应该调查一下让他们头大的问题的更深层次的源头。

C. 当他们说“你什么时候要?”的时候，他们通常想要告诉你的是：“现在我们同时在做的事情太多了，能请你明确一下这件事情在优先列表上的位置吗？如果你能帮助我们清理掉这里所有的半成品想法，让它们不再占用我们所有人这么多的精神空间那就太棒了。”

D. 当你老是不停地听到“对不起，我迟到了”的时候，其实你应该听到的是：“我就是觉得在这里工作提不起劲儿来。我不知道在干什么，刚到这里的时候我喜欢干这个工作，但是晚上回到家里感觉精疲力竭而且没有意思。”

E. 当出错了，而且有人说，“我不确定为什么会这样”的时候，考虑一下他们真正在说的意思是不是：“算了吧，为什么会这样的原因你其实知道得一清二楚。那是因为某人又做了某事。你们这帮家伙什么时候能对他问责，而且不再让他拖我们大家的后腿?”

你还听到过别的什么版本？这并不是说对单独的说法反应过火了。而是说法很少能够被单独区隔出来。作为一名经理，你任何时候得到的信息都是加密的。如果大家说的就是他们精准的意思以及为什么对他们很重要，那简直棒极了。但是，鉴于当金钱、事业和我们的价值意识都在线时所形成的那种强大的动态力量，这样的想法很不现实。担任经理职务，一定程度上来说就是担任侦探。线索到处都是，技能就在本书里学。

在你听到或者认为将要听到这些加密信息中的某一种时，最简单的方法就是最好的。就是提问。“哎，我发现你这个星期已经迟到好几次了。发生什么事情了吗?”或者，“我想就薪水问题跟你谈谈。我现在没有对你做任何承诺，但是让我们把所有的问题都摆到桌面上，包括薪水，让大家心里都能明明白白。”

有时候，就像他们说的，雪茄就是雪茄。但是，通常情况下，雪茄还是别的东西。

第八章　适度的问责胜过无谓的指责

你老是在用这个词。我想它并不是你认为的那个意思。

——英尼戈·蒙托亚（Inigo Montoya）

我喜欢新的思想。而且我也喜欢文字。如果我拥有超什么能力的话，那就是这种能力了：领会新的思想，并把它转换成别人一听到就能够明白的文字。如果你迄今为止还喜欢这本书的话，这或许是最主要的原因了。而且这也是我在过去这些年里一直偏重于品牌和营销谈话的原因。但是请记住这一点：也正是这个优点让我无法在这个领域变得伟大。在“问责”出手拯救之前，一直是那样的状况。

当时我在一家处于扩张期的公司担任副总裁的职务，领导着市场营销团队。我们想要扩大潜在合格买家（sales qualified leads）的范围。作为一个商业术语，这种叫法至少是准确的。一位所谓的潜在合格买家，是基于到此刻为止，具备购买你产品的资格的人。换种方式说，尽管他们可能不从你这里买，但是他们身处这个产品的市场中，而且能够买得起你想出售的那种商品。

开发潜在合格买家有各种不同的战略和战术，主要取决于你的市场营销理念。我们是一家集客式营销店铺，意味着我们的手段聚焦于打造高价值的而且主要是免费的内容，提供常见问题的解决方案，致力于以本领域的权威的方式，建立并维持我们的存在。与比较传统的方法相比，这是一种比较友好、比较温和的营销方式，但是其实核心的思想是一样的。吸引更多的眼球，最好还是正确的眼球，等同于更多最终的销售。

对于热爱文字的思考者来说，集客式营销简直就是天堂。我们的工作就是发表博客文章，组织网络讨论，制作信息图表和可供下载的工具，等等。所有我们能够想到的尽量帮助市场（在我们来说就是小企业的老板）解决可能存在的问题的一切事情。正如在所有行业里都会看到的，在这里你能够想象得到的可能性几乎是无穷无尽的。而且可能还都很好。可能都有价值。但是存在这样一个问题：甚至就算你创作出了最精彩的内容，也不一定就能吸引到你的目标消费者。

差不多就在那个时候，公司里来了位新的首席执行官。她没有市场营销背景。她的背景，也就是她所熟知的领域，就是个人销售谈话，也就是一旦你在电话上找到了那些潜在买家，如何以最有效的方式跟他们交流。集客式营销的领域毫不意外地处于她的舒适区之外，尤其考虑到这种方法的技术和理念在很多方面是那么的新颖。这就需要我解释那些对我来说似乎一目了然而对她则不然的事情。而这真的就是个让我抓狂的事情。

每次我们的会议上，她都会用处于营销漏斗图上不同阶段的正在发生的问题来骚扰我。无论我给她解释多少次，或者无论我相信自己解释得已经有多清楚，都没有任何用处。我们最后还是回到原点，我万般沮丧，痛苦地返回到创作模式，而她对企业的关键领域仍然感觉两眼一抹黑。她自然而然地变得不耐烦起来，并且要就真实的情况对我问责。让她就我们的钱如何花，而且从中能够得到什么感到安心，本来就是我的工作。

一个周末，我满心焦虑地回到家里。她难道就不知道我工作得有多辛苦？这方面我们要付出多少？它运行的效果有多好？我在这一生中的这个时候终于知道，找到一个让内心独白自己释放出来的地方是多么有价值。我对着一个或者两个好朋友解释，直到他们感觉到厌烦。我出去跑步，发现自己跑得异乎寻常地快。我梦到我想建立的公司里没有“怎么讲都听不懂”的人。在某一时刻，我开始平静下来。而且随后我取得了突破。

那是在那个星期日吃完晚餐后。我翻着几个月前参加的一个市场营销大会上记的笔记。这么多不同的内容，我如何才能够用简单的几句话给她解释清楚？涉及到访客，一般指来到网站上的所有人。涉及联系人，那些进入了下一步，并给我们留下了电子邮件地址的人。涉及潜在合格买家，那些在网上相当于从货架上取下几个东西认真查看的人。然后涉及那些多次返回来查看产品，想要做出买哪一个的最终决定的人——这些就是我们的潜在合格买家。还不止这些，但是我们要尽一切可能，提高这些数字。要想获得有关谁处于什么阶段这样的干净数据，远没有说起来那么容易，甚至应用市场上最好的自动运行工具也不行。那个星期天的晚上，在手足无措的时候，我想到，“我把数字放到一张电子表单上，让这些数字集中在一处，再去给她讲一遍。”

随后，一波灵感冲过我的大脑，我想：“不对。我能做得更好。好很多。我可以让她看清楚这些数字之间的关系。我不确定要如何用一种简单的方法来做。但是我会试一试。”在接下来的几个小时里，我开始了一场满头冒气的工作，解析数据，剪切并复制数字，建立不同要素间的比率。在那两个小时里，我把如何提高这些数字的想法抛到了九霄云外。但是，我对这些数字的意义有了更深入的理解，而且更为重要的是，知道了它们之间的相互关系。我不知道这是不是老板要的东西，但是肯定不同于我之前尝试过的任何东西。我在上床睡觉之前把电子表单用电子邮件发给了她，心里很好奇，不知道会得到什么样的反馈。

星期一上午，我在她的办公室门前停住了脚步，想看看她是否花时间看了这封邮件。她看过了。而且她很激动。

“这太不可思议了，”她说，“这个是从哪里来的?”

“我猜，是灵机一动吧。”我以少见的羞怯语气回答。

“这就把什么都解释清楚了。我现在完全明白了你一直想要告诉我的意思。现在我能够用一种以前从来没有过的方式看明白了。谢谢你!”

但这还只是其中的一部分。尽管拥有一个高兴的老板当然是一种很棒的感觉，但是新的电子表单和由此带来的理解对我和团队的帮助要更多。对于需要我们尽力去完成的目标，它帮助我们以比以前明确了不知道多少个量级的方式获得指令。我们能够把每一个创造性工作与具体的数字或者目标相联系，而且以以前想都不敢想的方式追踪我们努力的成果。

我们一直坚持着，长期追踪那些数据，尤其是它们之间的关系。我把它放在我们每周员工会议的首要议程里。我们拆分数字。我们在一个数字上加码，看看其他会怎么表现。我们调整、提炼、更新信息，去除流程里不必要的步骤。我们让数字告诉我们该尝试什么理论，以及放弃哪些。我们的潜在合格买家的数字提高了，急剧地升高。我的团队很高兴。销售团队很高兴。老板很高兴。但这并不是最令人震惊的部分。

它还改善了我的爱情生活。在我们正在准备晚餐的一个傍晚，我开始跟我妻子讨论这份电子表单。“与上个星期相比，我们这个星期的访客和联系人的转化率从 3.2% 提高到了 3.3%。”她用那种已经很久没有出现的眼神看了我一眼。“看这个：在网站上，我们的潜在客户中只有 4% 来自这个页面，但是，很有意思，到访了这个页面的人中，50% 的最后都买了东西。”她的微笑以一种“少儿不宜”的方式令人心旌荡漾。“你讲转化率的时候我很喜欢。”她说。我是一个毕生都认为自己的价值在于思想和文字的人，但是现在又重新发现自己还是个擅长于数字的人。人生转折时刻从来都不会是小事情。而要是我的首席执行官没有对我问责，不是因为犯错误，而是因为过分倚重我的优势对团队和我的目标造成了损害，这种情况就永远也不会出现。

追踪那份电子表单上的数据（感觉我在里面好像生活了好几个月的样子）是我职业生涯中在此之前作为专家所做的最为艰难的事情。这是每天都要发生的日常战斗，必须抵御各种诱惑，不返回到旧的思想模式上，不让它流露出来，不把手从方向盘上移开去产生一种新的思想。尽管我是一个一直致力于个人成长的人，但是如果首席执行官放任我随波逐流，那我或许永远也不能为自己建立起那个支点。在短时间之内这种局面会让我们两个人都不舒服，但是她与我一起坚持下来了，我的团队也是如此。他们一直都在提出问题，挑战我们的假设条件，思考数字想要告诉我们一些我们还不知道的什么东西。我的经理把帮助我成长当成了她最优先的工作。由于人与人之间的关系在很多时候都如此复杂和困难，我清楚她这样做首先是出于帮助我成长的想法，其次才是为公司考虑。

一旦建立了支点——一旦我作为思想家的优势无法掩盖我在数字上的不足，我的优势又成了优势。它不再是一根我倚仗来回避那些令人不舒服的事情的拐杖。它不是那种带有隐藏成本的优势。数字和单位变成了框架，在这个框架之内，我作为思想家的优势以一种更专注而且更高效的方式得以展示。这种认知和个人转型切中了伟大的问责是什么样子的要害。伟大的问责就是有勇气要求替你工作的人以负责任的方式使用他们的优势，不多一点也不差一分。

学会把问责看成一种帮助大家拥有自身优势的工具，而不是用来指责他们的弱点，是优秀的权威的本质。我们通过以各种你耳熟能详的方式改变自己的世界观，得以达成这个目的。而激励我们改变世界观的，是对好处的一种显而易见的体验。担任经理，其工作就是通过有意识地专注于他们如何协调与工作的关系，以及如何把这种关系转化为他们生活的其余部分，向他们展示出从改变中获得的个人好处。在提到公司文化和员工/经理敬业度的时候，总是伴随着环绕在我们周围的这么些噪声和迷惑，正是这种形式的问责，给了我们直击问题核心的方法。

在一步步学习如何把这种新的问责模式落实到实践中之前，我们应该花几分钟谈谈，在你现在的组织里，问责最有可能以什么方式发生：很有可能它在员工发展周期里来得太晚，导致一种我们称为“自发式管理发怒（spontaneous management combustion）”的模式。

这种模式的表现如下：你聘用了一些人。你希望他们会弥补你在团队中发现的某些缺陷。通常情况下，排除很少发生的误聘，他们在正式入职前都做了些不错的事情。但是，在他们做了些不错的事情的同时，你开始看到了他们的局限。有时候这需要几个月的时间，但通常不用这么久。这些问题中有些是技能方面的：他们不懂你期望他们应该懂的一切。这是真正需要通过额外的工作中或者下班后的培训解决的问题，但这不是对团队和对整体的文化影响最大的问题。

你会看到的更大问题出现在他们与工作的关系上。或者，更具体说，对自己不懂的那些东西带来的挑战他们将会如何应对。下面是几种你可能已经见到过的习惯表现，它们表明你的这个下属正在回避下一步的成长：掩盖或者尝试不理会错误的严重性；隐藏数据；通过建立只有他们自己知道的系统或者流程，让自己成为不可或缺的人（也就是：卡脖子）；采取快速修补的方法而不是提出问题并寻找根本原因；要求超出早先同意过的更多的时间或者资源以完成工作，而不是找你讨论出错的问题让你能跟他一起找寻改进的办法；放任与队友或者部门间的矛盾滋生，而不是就如何解决矛盾找你寻求意见。

当你缺乏干预、确定错误行为并帮助大家超越自我的技能时，这些问题就会进一步滋生和蔓延。在采取真正的行动进行巡查并找出问题之前，你就开始对某个人是否合适产生了疑虑。你听到团队中的其他成员有些怨言，但是没有放在心上。你想得到大家的拥戴，被认为仁慈而且充满同情心，而且想着将会再给他们一天的时间。但是事情变得越来越糟糕。你把问题带回家里。你跟家里人抱怨，直到他们都听得不耐烦。你跟好朋友抱怨。你跟其他的经理谈论。在这个过程中，团队开始注意到你的沮丧。他们开始在猜，你看在眼里但是没有讲出来的到底是什么事情。随后，经过长时间的等待，在某个时间点上，自发式管理发怒来了：你在沮丧中爆发，在员工们的身上发泄。这种情况可能是直接发生的——骂人的粗话或者某种行为；也可能是间接发生的——给他们分配他们不想做的或者不重要的工作，或者对他们后续的建议根本不理不睬。在这种情况下，通常的感觉就是不给对方留丝毫的情面。

在需要进行干预的时候不干预，总的说来对团队里的其他人和文化的影响是巨大的，因为大家都在看着你怎么对待别人。拖团队后腿并且让你最好的人才沮丧到只能走人的，不是看到有人被问责，而是看到该问责的不问。然后就是不明就里的停职、降职直至最终被解职，从来没有任何明确的反馈，也看不到任何的成长机会。

对于身处经理位置的你来说，要从自发式管理发怒中恢复同样也很难，因为尽管不是有意的，但你差不多破坏了业已建立起来的关系中好的那些成分。

问责的目的就是避开这个周期，在团队中的个人问题和行为刚一发生的时候，尽可能多地解决掉。你的目标是避免问责范围的两极化——不要太软，也不要太硬。学习重大问责的艺术需要时间。这是我们在工作中还不习惯的一种新的谈话形式。它不应该太过于私人化，但是最初的感觉可能会是那样的。在阅读本书的过程中一定要牢记，问责的目标不是指出别人的缺点，而是帮助大家彻底地把握好自己的优势。

伟大的员工发展计划要更多地关注于大家的职场身份，以及他们相互间如何相处，而不要太过于关注监督工作、任务和截止日期。这是一次不能苦等一个季度才进行的谈话，而且很多时候，当事情成熟而且准备好了进行转变的时候，甚至每周的总结也都显得太过于遥遥无期。理想的情况是从一个人入职的头一个星期就开始，而且只要他还在你的团队里就没有结束的时候。你的目标是打造出一个指导、问责和支持成为常态的世界。在下一章里，我们将一步步地告诉你，如何实现这个目标。

第九章　建立团队的问责刻度盘

爱情有时候会帮我们大忙：让我们神魂颠倒，把所有的傻话一股脑地倒出来。

——哈菲兹（Hafiz）

我们大多会把问责跟惩罚联系在一起。我们会想，“啊，天哪，我一定是有麻烦了。”我们因为自己的行为而被问责的首次经验来自老师和家长，或者我们年轻时的其他的权威人物，通常都伴随恐惧和焦虑的记忆。有时候以一种提高声音和公开惩戒的形式出现，但是在孩提时代我们常常经历的是一种背景焦虑，一种对我们什么地方有事情可能做得不对的担心。我们把这个故事一直带进了成年后的生活中，员工、经理和高管分别位于问责等式的两边。

我正在与一位老板讲着电话。稍早之前他一直在抱怨他的团队表现出来的问题，老是犯粗心大意的错误而且不愿意陪顾客多走一步，相互间的日常沟通如一团乱麻。另一方面，他又告诉我，他在对大家问责的时候真的很严厉。如果你发现自己在扮演教练或者导师的角色，而你想要帮助的人声称自己有个优点（或者缺点，相对于当时的情况）的时候，就问自己一个问题，真实的情况是不是正好相反。我们对自己擅长的领域的判断通常都是最不可信的，包括我自己。

“好吧，我们先澄清一下这里使用的词语的含义。我只是想确定你说的问责和我说的问责是不是同一回事。所以……当他们像那样表现的时候，大家会面临什么后果吗？”

一段很长时间的沉默。

“啊，嗯……不会，不会真那样。等一下，你什么意思？”

在接下来的谈话中，我帮助他搞明白了他所做的其实是空谈问责而没有落实，或者没有把任何真正的责任渗入到文化里。他很坦诚地分享了在家里如何与 3 个孩子就几乎一模一样的问题所进行的角力，而且冥思苦想，解决工作上的问题，如何能以远比他原本想到的多得多的方式帮助到他。如果我们愿意以正确的方式来看待，总能够在工作中和家事里的纷争之间建立起联系来。工作并没有脱离我们的生活。工作是生活的一个重要组成部分。就算你要做的工作不是那种你想从现在开始算能做满一年的工作，但是你与之建立联系的方式全部都是你自己的。就是现在的你，不可能是别的。

在这个企业老板身上所发生的这些事情，强调了一种大家很容易忘记的关键因素：作为经理，你只是在嘴上说而不落实到行动上的情况越多，你说这些话的作用也就越小。问题只会更糟而不会更好。正如在第二章中描述的迈克和他父亲的故事一样，问责是一面意义深远的镜子。光有良好的发心是根本不够的。大部分经理都是心怀善念的人。很大程度上，我们的父母、老师以及其他年轻时期的权威人物也都如此。但这样并不会让我们不害怕遭遇麻烦，并学会尽可能回避权威，或者当我们被逮到，放在更大的背景下看，就算相关的权威人物本意是想提供帮助，我们还是会感觉尴尬或者害羞。我们都想有个好的表现，被看成是一个有创造力的而且工作勤奋的人，当有人挑战我们给自己定下来的形象时，尤其是在我们感觉好像已经为之努力了一段时间的情况下，那可不是闹着玩的。

与很多我们想要改变的根深蒂固的习惯一样，有一个可以遵循的结构作为支撑简直价值连城。结构和方法不是处理情感世界和解决有问题的关系的替代品，但是它们帮助我们以一种每次一步的更容易解决问题的方式表述问题。它们帮助我们避免落入那种想在一夜之间就来个大改变的陷阱，而且当我们做不到的时候，也不会有挫败感。另外，由于我们与问责的关系受到了我们早期与他人相处的经历的严重影响，这些人要么对我们太严厉，要么是不够严厉（在我们摸索成为完全成熟的成年人的过程中，这两种情况同样都是有问题的），所以我们对能够得到的所有帮助都是需要的。

问责刻度盘

问责刻度盘会帮助你在中间找到平衡点——既不太强硬，也不太软弱。你会逐步跟它熟悉起来，所以没必要在一开始的时候太过于担心技术方面的问题。首读的时候尽量做到对它有所感觉，稍后再返回来理解具体的内容。专注于那些敏感的内容——节奏、音调的变化、划定的界线如何缓慢但是确定地变得更加稳固而又永远都不会失去个人关怀。通过学会把这种方法纳入到管理风格中，你就能使大家可能蓄意或者以其他方式表现出来的戒备心理最小化，让你能够见证到的团队成员的成长机会得以最大化。

问责刻度盘就在这里展开，像一个线性的过程，但不要太过于拘泥于字面的意思。以满足当前形势为基础订制这些对话。把它更多地想象成一张建盖房屋的蓝图。在开始每间内室的设计时，你需要按照实际变化的情况进行适当的设计调整，但是，你必须有一个总体的想法，知道最终它看起来以及感觉起来应该像个什么样子。

问责谈话所需的结构，就是问责刻度盘的“为什么”（why）。微行为、你在某段时间内留意到，但是出于这样那样的原因没有干预的人们的言语和行为的总和，就是“什么”（What）。采用问责刻度盘来改变这种习惯，主动干预那些似乎很小但其实不小的事情，提前处理潜在的问题。你干预得越早，对方的戒备心理就越小。你的反馈越是及时而且具体，大家接收到它并领会它就越是容易。

问责刻度盘所有阶段中要达到的目的就是减档，因为你将要面对的是那些通常以非常高的速度飞驰而去的行为。你将要以一种比大多数人在专业的背景下曾经经历过的更加专注和更有条理的方式，甚至是以亲身体验的方式教导大家。此时此刻，你会想，难道这不就是微管理吗？两者的不同之处在于，微管理专注于任务，而问责专注于关系；微管理来自于对错误的焦虑和担心，而问责来自于对帮助大家成长的好奇和期盼。这就是问责谈话对于你的文化变革工程来说至关重要的原因。

最后提醒：在你培养自己应用问责刻度盘技能的过程中，你将开始揭示团队人员生活中的重要主题——那些以类似的方式在工作中以及在家庭生活中阻碍他们成长的行为模式。记住，改变长期形成的习惯不是件容易的事情，甚至在我们知道它们是什么以及有意识地想要改变它们的时候也是如此。所以，很可能得在问责刻度盘上转满一整圈，甚至更多圈，才能够帮助某个人通过这一关的挑战，就算他们已经就自己面临的挑战是什么跟你形成了完全一致的看法。例如，你可能会发现，开始“谈话”（你很快就将了解到）以帮助对某件你在“邀请”中要引起某人注意的事件进行提炼并赋予更多的背景资料，是非常有价值的而且也是必要的。作为导师，你必须假定，就像你真正经历的那样，光有改变的愿望是不够的（就算有这样做的明白无误的承诺）。我们都需要有适度的压力。我们需要有某个人通过不让我们忘记或者回避问题（就算有时候我们偶尔会有意而为），从外部鞭策我们，帮助我们转变自己的态度。因为路越难走，成长就越快。

提　示

问责刻度盘上的第一个刻度是“提示”。这是一种技能，能够留意到可能还不是问题但是可能变成问题的行为。在问责刻度盘上的第一刻度处，以诚恳和开诚布公的方式进行观察。你或许会对要发生什么高谈阔论，但不会就认为你是对的。“提示”的目标就是把某些东西放到一个空间里，让你的团队成员们自己去观察。下面是“提示”在实际应用中的几个例子：

* “我在那份就要发出去的新闻通稿上看到了几处打印错误。你看到了吗?”
* “一夜之间我看到很多故障单涌了进来。有什么事情需要聊一下吗?”
* “这一周你好像有点崩溃。出什么问题了?”

这些例子中，每个例子都有的共同点就是它们都是不足挂齿的小事情。就算发出去的新闻通稿上有打错字的地方，世界也不会就此终结（给大家交个底：我花了很多年的时间才彻底相信这种说法）。产品在技术上出问题因而导致如雪片般飞来的电子邮件，而谁又没有不止一次地暂时崩溃过？你要提示你所看到的这些问题，其目的不是往伤口上撒盐，也不是微管理，而只是为你想要帮助的那个人能够实时地体会到你的价值观和你的标准。你要采用“提示”告诉他们类似的事情：（1）留心细节是对自己和他人表示关怀的一种形式；（2）尝试并识别出习惯之所以重要就在于那是导致创新的东西；（3）无论在喧闹中发生什么，他们都是在为某个永不失对人类关怀的人工作。

在我们进入下一步之前，花几分钟时间讲讲“提示”不是什么。它不是一次正襟危坐的谈话，因为那样可能会太快地促成一次观察还不足以支撑的交锋。你不要反应过度，不要使用声色并厉的语气，或者以任何方式强调“我是老板”。“提示”是一种反馈，可以而且通常应该不经意地发生在过道上，尽管要避开团队其他成员的耳目。它不是把某个人叫进你的办公室来谈话，尽管它是一件重大的需要添加进已经列入工作日程中的当日会议上的“啊，忘了还有件事情”。

一旦做了“提示”，你就已经迈出了第一步。下一个任务就是放手一阵子，看看这个人对它作何反应。如果他们紧跟着提出问题，那就太棒了。如果他们没有立即做出回应，也不要认为他们根本没有在听。他们可能需要一点时间——用他们自己的时间，来理解你说的内容，以表达并触发他们对接下来会怎么发展的好奇心。

下面是你做出了“提示”之后的几个时段里，需要采取快速行动的几件事情，为这个事情做个了结。他们倾听的意愿如何？他们的第一反应是道歉，还是试图推卸责任？你留意到了他们的反馈中引你提出更多问题的是什么事情了吗？这个时候，没有什么事情是决定性的，你不需要在这里马上解决。你只需应用观察和认识的能力，对这里以及过程中的每一步发生的事情有个全面的认识。现在，就放下这件事情，去做你当天还需要做的其他事情。通过留给自己这种额外的时刻，就能保证你不会把任何的沮丧或者担忧带入到下一个谈话中，甚至在你走回到办公室的这段路途中，身体语言也不会受到丝毫的影响。记住，每时每刻你的团队都在盯着你，以确定冒一次险会有多安全。这不是要让你变成偏执狂。他们盯着你这件事可能是最好的事情，因为当你展示出自己最好的一面的时候，他们也会注意到。

下面是你想要用“提示”达到的目的：播下一粒种子，但是 100% 留给他们决定是否浇水，不要有他们为了你而不得不干的感觉。你要期待种子成长，他们会感到好奇，带着学到的某种知识主动来找你，或者提出问题，为培养某种需要的技能或者能力获得更多的帮助。等上一两天的时间。如果是某种值得反复的事情，它会再次出现。通过做出“提示”，你就让它在运行的时候，更有可能让你和他们都能够留意到。当你有至少一次机会进行讨论的时候，它还不太算是一种习惯，但是已经在成为习惯的路上了。这时就是我们进入到“邀请”的时刻。

邀　请

“邀请”就是当你已经尝试过“提示”，而且你想要帮助的人没有自己接住话茬时要做的事情。你在这里升温，但是只是很轻微。这就是在“进来，你为什么不找个凳子坐下？”与“请坐”之间的那种差异。“邀请”应该发生在你的办公室里，或者其他某个私密的地方。你将采取你所能做到的最小的下一步，提起你在“提示”中列出的行为，往前推进一步。你勾勒出边界的线条，如果需要的话稍后你会把它们加粗。而且，最为重要的是，你将要提出一些问题来，试着点旺他们的好奇之火。

你要做的与在“提示”时做的不同之处可能微乎其微——更多的只是语气上的差异，而不是增加大量的新词或者内容。“邀请”用的是相互交流的语气：“我那天随口提到的那件事，你好像已经都忘了，我只是想确认一下你应该知道从我这方面来说仍然还是没有解决。”在“提示”阶段，你有意识地不强调自己的权威。你希望作为他们老板的这个事实就足以引发他们对自己的好奇，并采取主动的步骤。在“邀请”阶段，你要强调自己的权威，需要怎么强调就怎么强调，再怎么强调，其强度几乎总是要比你自己认为的小。

随着你把“问责刻度盘”的刻度移动到“邀请”，你将要要求他们审视那些在“提示”阶段要他们审视的同样的行为，但是采用的是一种鼓励他们更加积极主动思考的方式。下面是几个你如何把“提示”转换成“邀请”的示例：

* “还记得那天我针对新闻通稿上的打印错误说的话吗？我在你刚刚抄送给我的那份发给销售团队的备忘录中又看到了几处。我担心这种情况会更加频繁地出现。你是不是做事情的时候速度太快了？”

* “对于那些故障单子你没有给我反馈。全都解决了吗？这几天我一直在留意，我在想我们谈过之后它的进展如何。”

* “你还是感觉崩溃吗？你似乎仍然还有点苦恼，但或许只是我这样认为。情况好点了吗？还是更糟糕了？”

在每一个示例中你都会注意到的一件事情：你将会让自己处于一个毫不设防的位置。你以显示出你在担心的方式表达出你的意见，你有点着急，而且他们就你提到的那些事情做点什么对你来说很重要。你或许甚至可以把它归列为背景，让他们知道你为什么对一件小事情似乎不依不饶。下面是可能说的话：

“我强调这一点是因为我希望你们尽可能更加认真地听取我给你们的各种反馈。我这样做并不是要把你们的手脚都捆住，尽管我明白可能会有这种感觉。我这样做是因为我想能够赋予你们更多的责任和自我管理。只有当我能够放下，相信事情能够按照我们讨论过的那种水准处理，我才能那样做。所以，尽量在那样的大背景下来理解这类事情。向你们提问，指出你们可能没有看到的小问题，或者没有把那些小问题看得跟我认为的一样重要，就是我的工作，但是，所有这些都是服务于帮助你们成长。我也需要那种反馈。我们都需要。你知道我的意思吗?”

在移动到问责刻度盘上的第3个刻度时，让我们扩展一个示例，显示一个更完整的“邀请”版本是什么样子的。假定说你的“提示”阶段像这样：

你：“你似乎有点崩溃。我能帮你做点什么?”

团队成员：“啊，是的。我就是一下子手头事情太多了。我没事的，谢谢你的关注。”

“应该的。好吧，我相信你能够搞得定，如果需要我做什么，请记得我都在这里。”

现在，我们假定你已经等了几天了。他们一直都没有再次提起那件事情，但你仍然感觉那些问题同样还在那里，或许甚至还更糟糕了。尽管疲惫不堪他们仍然还在工作，而且没有找你寻求帮助。

下面是你可以如何从“提示”转换到“邀请”的例子：

“嘿，我想跟你一起复查一下。我曾经提到过某些有关你似乎有点崩溃的事情。你一直也没有再提起，但是似乎问题仍然存在。这几天你似乎都在疲于应付。我没有看错吧?”

“是啊，没错。我现在感觉自己连喘口气的时间都没有。”

“你怎么会这样想？我意思是，我相信你现在面临的是这样的情况，但是，你能不能具体说说是怎么回事？”

“就是手头上的事情太多了，工作太多，而且时间不够。”

“哦。我知道这种感觉。所以，对此你有什么打算？”

“问得好。你知道的，我认为我需要坐下来，对一些工作重新排排序。现在，所有事情都觉得时间太紧迫了。”

“这似乎是个切入的好地方。以前你尝试着做过吗？”

“老实说，尝试过，但只是能好一个小时，随后我又陷进去了。”

“好吧。我真的很欣赏你在这个问题上的坦诚。就如何以略微不同的方式解决这个问题，我能够给你提点建议吗？”

“当然。乐意之至。”

“看看这样如何：在你计划怎么做的时候，坐下来几分钟，但是不要想着去把它彻底搞定，而是看看你能不能用不同的方式来表述问题，或许类似这样：‘对于那个让我现在焦头烂额的问题，我需要来自谁的帮助，或者我需要队友做什么，或者不是做，而是帮助我？’”

“唉，以前我从来没有按这种方式考虑过。我已经想到一件事情了。无论如何，我会尝试一下。”

“好吧，很棒。我很好奇想看到你会怎么做。”

现在，你已经完成了邀请。在刚才看过的这个示例中，似乎这个人已经准备好用你提供的指导做点什么了。如果他们做了，那很好，在下一次的会议中，你可以询问一下他们发现了什么，并从你的角度提供一切所需的建议，做出任何所需的改变。但是，正如我们在开始的时候所说的，像这样的习惯（我们在生活中养成的所有这些行为习惯）很难打破。如果你已经做了“邀请”，而情况依然如故，那就是进入到下一步的时候了：“谈话”。

谈 话

我们现在处于问责刻度盘上的一个关键刻度，一个你所有努力想要到达的那个点。说它关键，是因为“谈话”具备走上两条截然相反的道路的可能性。如果成功了，这就是人生和事业取得重大突破的地方，这既取决于你的员工也取决于你。如果不成功，则意味着他们与你的团队之间的缘分到头了。走进去，你不知道你在哪条道路上，这当然就是“谈话”存在的理由。

这是你展示出优秀的权威技能的最佳时刻。

鉴于其在问责刻度盘上的核心位置，我把下一章《好领导只提问题不给答案》全部奉献给了这部分内容，包括了“谈话”能够表现出来的所有形式的延伸谈话。此处，我将会重点介绍一些在未来的日子里让问责刻度盘为你工作需要练习和寻找的关键元素。大多数的情况下，“谈话”也就是像它听起来的那个样子。你要计划一场为时大概30分钟的会谈，尽管你可能实际上用不了那么长时间。尽量确保你的情绪稳定。关闭所有可能导致你分心的东西。全部精力聚焦在这一个谈话上。聚焦于这个人身上。做一个关心别人的人。

要想在问责刻度盘的这个位置达成正确的平衡，有两件重要的事情你可以做。首先是停留在支持性的框架内。从自己老板处听到批评性的反馈是令人很难接受的。当该反馈进入到较为私密的领域时，当它讲的不是一个具体的技能差异或者技术错误,而是你如何与该差异或者错误有关时,尤其令人难以接受。你的员工需要能够感觉得到，你真心地与他们站在一起，这次谈话的目的是帮助他们成长，而不是惩罚或者羞辱他们。在你到达这一步之前先采用的“提示”和“邀请”，是你如何做这件事情的组成部分。

你能够做的第二件事就是要维持一个正确的平衡，不要试图靠你自己掌控局面。大部分经理回避“谈话”的理由就是，他们害怕如果这个人伤心而且辞职会造成的后果。正是你大脑里的声音才会说“花钱让他们做了这么多的事情，如果结果是他们走人的话，那我让谁来处理这些事情?”一定把这句话牢记在心里：如果你已经处在要跟团队里的某个人“谈话”的阶段了，那就是说这种习惯已经对团队里的其他成员造成了巨大的影响（就像在第四章里谢丽尔的那种情况一样）。如果你不冒险帮助他们看清楚会发生什么情况，并突破它，没有谁会是赢家。跟某位同事聊一下，跟经理（或者导师、教练等）确认一下，让他们知道你打算做这样一次谈话，而且你对这件事情的后果有些担心。或许找一位同事跟你一起先预演一遍。优秀的经理不会靠自己单打独斗。

你可能会想要跳到下一章，然后再返回来学习问责刻度盘上面的最后两个刻度。无论是哪种情况，在我们往下走之前都需要重置一下我们的位置。我们要进入到一个包括了员工发展过程（留用察看期、降职和终止合同）的更为传统部分的领域，但是背景却有着天壤之别：不是以一种必不可少的官僚步骤，而是以在某人人生的关键时刻提供转变机会的方式。

界　限

如果“谈话”阶段（包括后续跟进的谈话以及留给对方解决问题的时间）没有让事情有所改变的话，那你就得采取更为决断的行动。在此刻，你的沮丧不言而喻。工作可能耽误了，其他经理可能在想你为什么要等这么久，还有可能感受到了来自老板的压力，但无论如何就是不要放弃。也就是在这个过程中再多走那么几步而已。遵循这些步骤，知道了自己尽了最大的努力帮助这个人成长，无论结果如何，你都能够问心无愧了。

当你准备好了设定“界限”，你应该做好了如果他们不能够接受你的条件，就让他们走人的准备。你要开始一场冷静而严肃的谈话，要求他们在短时间内做出实质性的行为改变。以完全透明的形式，你要让他们知道，如果不做这种转变，就不能够继续留在现在的工作岗位上。这不一定意味着他们要被开除，而是意味着降职或者重新安排岗位，处理得好的话，这在很多情况下都会有效果。但他们目前的工作岗位就悬了。处于这样的状况中是经理工作中最为困难的部分，但是有时候是必要的部分。

要记住，在这个阶段中，形势的严峻性尽管对你来说显而易见，但对他们则不然。“界限”可以是一次唤醒闹铃，就算你已经在之前的所有事情上做得滴水不漏，他们也会觉得这个局面来得太突然。不要分心，把这种可能性牢记于心。你会想按照当前局势的现实情况来量身定制“界限”，但是下面提供了一份很有帮助的检查表。必须确定在结束“界限”会议（有可能不止一次）之前，你能够正确回答出所有这些问题：

1. 你复查过这个习惯，并就这个习惯是什么获得过他们的认同吗？

2. 你给予过他们至少 3 个事例，让他们足以继续尝试并做出改变吗？

3. 你强调过他们的行为对团队中其他人的影响吗？

4. 你给予过他们如何解决问题的最佳建议吗？也许是些小建议，或者你在过去解决这个问题的小诀窍。

5. 你保持大门敞开，让他们知道尽管这件事非常严肃，但是仍然有让事情改变的空间吗？

6. 你安排好了后续跟进会谈，以评估接下来几天的进展情况吗？

7. 你定好了一个要看到改变开始出现的明确的日期吗？

极　限

当你完成了上面的几个步骤之后，就到设定“极限”的时候了。在流程中，如果到这个时候团队中还有人在陪着你，很可能意味着他们在公司工作的时间已经到头了。“极限”从字面上说就是你帮助他们通过这个难关的最后尝试。因为如此，就需要你特别地小心。被炒鱿鱼对于一个人来说很可能在经济上和身体上都是沉重的打击，在这种情况下通常你也是爱莫能助。但是，在心里保持一种更加长远的想法也是很重要的。想想过去你落下的或者只能无奈放手的那些工作。想想这个事情带给你的麻烦。想想你的朋友、家人和前同事的生活中类似的境况。尽管在短时间里看，这些时刻是多么的黑暗，我们多么的担惊受怕，但是，被从一份工作中解脱出来，或者看着墙上贴的通知离开，通常是一种长期的正面发展。

无论怎么说，有一点是确定无疑的，这不是他们这一生中在此刻的合适工作。“极限”，或者说它带来的终止，在一个机能健全的组织中，是其生命的一部分。把时间花到你在这个过程中所关心的事情上。这不仅是他们的一次学习机会，也是你和你的联合经理们的学习机会。它会重新把你带入到招聘和培训的流程中。

“极限”谈话应该简短。或许只是 5 分钟。你不应该给质疑和讨论留太多的空间。需要说的所有事情应该已经都说过了。如果自己感觉到有抵触情绪或者需要解释，就说明你或许漏过了稍早前的某些步骤。假定你已经做好了设定“极限”刻度的准备，它应该像下面的这种情况：

“为了促成这个改变，从上个月以来我一直在真心诚意地拉你。我希望结果是另外一种情况，但是我根本没有看到。我知道你想改变，你已经说到了正确的事情，而且我知道你已经尝试了。但是总有什么事情在阻挠，而我不知道是什么。我没有办法再等下去了。我希望你用这个周末静下心来好好想想。我希望你问自己一些类似这样的问题，比如‘这真的是适合我的工作吗?’‘还有什么别的我愿意做的事情或者我愿意待的地方吗?’‘我如果不担心失去这份薪水，我该怎么做?’我知道这些问题出自你经理的口中听起来可能很奇怪，但是如果你能够给自己提出这些问题，并自己诚实地作答，在我的经验里，下面这两种情况中的一种就会发生：你将要么就我们已经讨论过的那些事情取得重大的突破，如果你做到了，我随时都很希望知道。或者，不管是出于什么理由，你会意识到这是我们握手告别的时候。你会用这个周末的时间来考虑一下这些问题，让我们能够在星期一的时候给这次谈话画上一个句号吗?”

基于他们的反馈，你有了下一步做什么所需要的所有信息：再给他们一次机会，或者结束这个流程，进入终止程序。相信你的直觉，与此同时宁愿是自己错了。这是管理的高超艺术。

既然已经知道了对大家问责的 5 个步骤，为什么不跟大家分享？没有理由把这个流程搞得神神秘秘。一旦你向遇到困难的员工讲解了问责刻度盘，就会惊奇地发现他们马上就能够在上面找到自己的位置。这种透明度或许正好是他们需要的事情，意识到每天的那些小事情实际上是一个多么严重的问题！

值得吗？

我能够想象得到，很多人在问自己，真的值得这样做吗？从表面看，问责刻度盘看上去有很多工作要做。它看上去有可能像是给了大家太多的机会，也有可能是在这个过程中浪费时间，这就取决于你以前的经历了。我打算以一则简短的趣闻来收尾，向你证明这个投入是值得的。

我决定了让詹姆斯（James）走人。他是我为之服务的一家软件公司的初级销售助理。这件事情发生在很多年以前，那时我们还没有发明出问责刻度盘来，也还没有写出你们刚看到的那些步骤。但是，虽然没有经过任何正式的培训，但是这个流程我或多或少其实一直都在用。在一个月的过程中，我与詹姆斯一起走完了这个流程，最终决定让他走人。几天之后，在我住处附近的一家餐馆里，我撞见了我们的一名开发员，他是詹姆斯的好朋友，在旁边的一个部门工作。

“你好，乔纳森。”

“你好，安博（Amber），很高兴见到你。”

“啊，我就是想说我知道让詹姆斯走人这件事很不容易。但是我认为你做出了正确的决定。我认为你们为帮助他做了很多努力，这真的很了不起，我在这里见过其他经理在很多年里也一直在做类似的事情，我想这很能说明我们的文化。很令人伤感，但是，就是……我不知道。反正真实的情况就是如此。”

“谢谢，安博，我很高兴你能够这样看。这是我工作中最糟糕的部分。我希望从来没有过不得不让某人走的这种事情。

但是，很高兴知道你是这样的感受。今天晚上我能睡得更安稳些了。”

你聘用的每一个员工都想尽自己最大的努力。他们想得到升职，赚更多的钱，感觉更加有创造力，并且能对世界产生更大的影响力。但事情并不总是这样发展的。有时候，你为某人（以及为你的团队）能够做的最好的事情就是让他们走人。但是在这样做之前，为什么不把你力所能及的事情都试一遍？在你的宏大计划中，几周的时间算得了什么？如果最终它所起的作用就是向团队里的其他人证明你有多么大的意愿去帮助某个人成长，难道不是一场值得为之奋斗的胜利吗？

第十章　好领导只提问题不给答案

今天想爱就今天爱

别耍赖

马上献出你的爱

——史蒂夫·汪德（Stevie Wonder）

正如我们在第九章中所承诺的，下面是一个有关在问责刻度盘上面的第 3 个刻度——“谈话”的例子。这次谈话综合了我与一位首席执行官凯瑟琳（Catherine）的角色扮演练习以及随后在她与她的销售副总裁梅瑞狄斯（Mcrcdith）之间发生的真实的谈话。跟本书采用的所有其他故事一样，人物名字和事件细节都经过了修改，但这次对话来自于真实的生活环境，而且向我们展示了一整套带有普遍性的主题。表面上看，这里讲的是凯瑟琳在梅瑞狄斯的团队里看到的问责制度的缺失。她追踪这个问题已经有几个月的时间。她知道这是一种习惯而不是个一次性的问题。她看到过梅瑞狄斯承担了其他人的工作，在补救他们的错误时迷失了方向，而且在过程中把自己累垮了。她采用了“提示”和“邀请”这类不起眼的方式，希望这些问题能引起她的重视，但是，这种习惯却一直保留着，而且达到了一个临界的量级，以各种不同的方式表现了出来，包括士气、客户抱怨等等。

在这次谈话中涉及了很多问题。我们已经在前面的章节里重点强调了有关的不同元素，而且我们在随后的章节里也将继续这样做。至于现在，请尽量融入这个事件里。想象你自己也在房间里。你可能会以把自己想象成梅瑞狄斯的身份阅读一遍，然后回过头来，再以凯瑟琳的身份阅读一遍。在谈话结束时你会知道“刚刚发生了什么?”的答案，在这部分里，我们会对一些关键时刻进行分析。

下面就是谈话：

“你好，梅瑞狄斯，我知道我们已经以不同的方式讨论过很多次了，但是我还是看到你的团队在问责方面存在问题。你注意到了吗?”

“嗯。啊，有点……对我来说确实很令人沮丧。”

“好吧，我相信你说的……也让我很沮丧……你对事情为什么没有变化有没有好考虑过一下?”

“啊，我认为我们需要一些更好的步骤，在标准上更加明确一些，我认为这样真的会有帮助。”

“好吧，我相信在一定程度上这种说法是对的，我们总是能够把那些事情做得更好……但是，你认为造成现在这种情况的还有没有其他什么事情?”

“我不太肯定。我觉得好像花了大量的时间与团队一起讨论了把工作当成自己的事情、留心那些粗心大意的错误、关怀客户等等这一类的问题。也许我做错了什么事情。”

“有可能，但是我们不要以对或者错来考虑这个问题。我们就是得尽量找到它根源的问题，才能够改变它，对吗?”

“好吧，是的……我猜想我就是太紧张了，因为我知道最近的情况有多糟糕。”

“哦,那我就放心了,梅瑞狄斯。眼睁睁地看着事情越来越糟，然后心里七上八下地不知道你是不是注意到了我注意到的那些东西，你能够想象我的处境有多尴尬吗?”

“啊，是了……我从来没有想过这个问题。很是抱歉。从现在起，我会尽量及时地告诉你。”

“好的，我很感激。但是，我们一起来看看这些事情能不能讨论得更深入一点，好吗？我有种感觉，在这种情况下我也许能够帮助你做些事情，可以吗？我也不确定具体是些什么事情，我们得一起挖掘一下，但是我从自己的经验中认识到，当向我报告问题的人把问题一起带来的时候，对于我来说也是一个从中学到些东西的学习经历。你认可这个说法吗？”

“当然。我的意思是，我不确定这会有什么结果，但是，我当然是认可的。”

“好吧。那么，就让我们从已经知道的那些入手吧。首先，我知道，或者说，至少你我二人都认同，团队中在问责方面存在着问题。其次，我们知道尽管这些问题能够得到改善，但是我们有现成的体系和流程，让那些胜任的人能够顶上去。迄今为止，我们都做得还不错吧？”

“那是。”

“好。所以，如果我们暂时假定还有什么事情在发生……有某种背后的力量在起作用……那可能会是什么？”

“嗯，老实说……我想是我不擅长于对大家进行问责。”

“就是了！现在我们就谈谈这个事。非常感谢你就这个问题能对我开诚布公。我知道这一点很不容易。对大家进行问责不是什么有趣的事情。所以，就这个事情跟我多讲一点。‘不擅长于’具体是什么情况？”

“嗯，我想事情就是我最后会为他们做太多的事情。只要他们做到了一半，我就说他们‘够好了’而且就接过来替他们做了。”

“这是很了不起的自我认知。好，那你就在他们的位置上设身处地地想一下。我知道这很难，因为这不是你的问题——你很精准而且做得很好，但是如果你处于他们的位置，那会是什么情况？”

“天哪。我想应该会开始懒惰。我会觉得我并不真正需要做出一项很棒的工作来，因为梅瑞狄斯会替我收拾烂摊子。”

“好的，我同意……我认为现在真正触及核心问题了。这样的谈话你感觉如何？我知道这不是有趣的谈话，但我们能够再深入一点吗？”

“哦，我这边没问题，可以的。老实说，这就是我一生都在与之搏斗的事情。我们说得越深入，我就越能意识到我与丈夫、朋友一直以来也都是这样的情况，天哪，我想这种情况无处不在。”

“这是个重要的时刻，梅瑞狄斯。而且，以我的经验看，这就是关键点了。当我们能够开始建立起联系，看待我们的行为（这些行为很可能是无辜的）对别人的影响的时候，我们就走上了真正改变的道路。而且，你知道我还要说什么吗?”

“什么?”

“我也是同样的情况。”

“你的意思是什么?”

“我也是一生都在与完全同样的事情进行着搏斗。我现在也还是这样的情况。我希望得到大家的喜欢，我对我不在场时大家所说的事情总是疑神疑鬼。我一直选择对问题进行修修补补的那种舒适，而不选择帮助对方成长的那种挑战。但是，在过去的几个月里，我已经有了很大的进步。而且我也开始看到了事情在转变。这是我认为跟你进行这次谈话很公平的唯一理由，因为我不会要求你去做我不要求自己去做的任何事情。而在 3 个月之前是不会这样的。”

“我真的很感动。我的意思是，以前从来还没有哪位经理像这样跟我谈过话。很感谢你跟我分享这些。它以前所未有的某种方式让整件事情变得更加真实具体，而且感觉可能性变得更大了。”

“我太高兴了。好吧，我们现在继续。”

“行。”

“那么，我来问你另外一个问题。我们假定你是对的，当你承担的工作太多，团队承担的比他们本来应当承担的略少一些，而且这种习惯已经有些日子了。下面就是我的下一个问题：对你来说，这是一种什么样的情况?”

长时间的停顿。“真的很难，老实说。我感觉我好像对自己在做什么已经很茫然了。我感觉好像整天的时间都花在了追着这些事情的尾巴在跑一样，而且还永远也抓不到。”

“很好，但是我的问题有点不同。暂时把团队忘掉。忘掉公司的工作。我知道这样的话从我嘴里说出来有点奇怪，但是请相信我……我们差不多就抓住重点了。总是不得不督促他们，才能把工作做到满足你的标准的程度，在与他们的关系中处于这样的位置，你个人是一种什么样的感觉?”

“很恐怖。我一个星期里有一半的时间都是哭着睡着的，另一半时间躺在床上睡不着。我想跟你聊聊这件事，但是，嗯，我真的不能失去这份工作。”

“梅瑞狄斯，没有人会失去工作……你尤其不会。我明白这种担心，但是我明确告诉你这样的事情不会发生。我们进行这次谈话的原因是为了你可以带着好心情回家。而且，当然，我也想在晚上能够睡得更踏实一点！我认为我们的团队还有成长的空间，你会为他们开启这个成长之门。"

"我？我如何才能做到？"

"好吧，那我们回到一开始的地方。如果今天是你承担得太多，而且结果就是，他们承担得太少，那要是你把它倒转过来，会发生什么情况？如果在我的指导下，能够以高效的方式工作，你开始少承担一点会怎样？你认为结果会是什么？"

"老实说，我想有人会做不到。环顾一下我的团队，我认为大约有一半的人应该能接受这个挑战，让情况开始有改观，但另外的一半我就得跟他们进行艰难的谈话，而且我们可能会失去他们中的几位。"

"我完全认同，梅瑞狄斯，只是有个说明。我认为我们俩都并不真正知道他们谁将归类在哪一半里。因为，这对你我都一样，作为组织，我们还没有给他们足够的挑战进行鉴别。"

"我不懂得怎么去做。"

"很好！这就是了，梅瑞狄斯。这真是份大礼。你知道，如果你解决了某种对你来说很重要的事情，就会让你的生活变得更精彩，而在这个过程中也将让他们的生活变得更精彩吗?”

“是的，但这种事情感觉有点自私。我的意思，如果我不知道怎么做，那么你难道不可以找个会做的人来做吗?”

“如果我告诉你我也不知道怎么做你会怎么想?”

“啊?”

“我是认真的。如果我告诉你我也不知道怎么做又如何，我不知道它会如何发展，但是不管怎么说我就是要做。”

“我得说你很勇敢。”

“就是了，你可以这样理解。但是，梅瑞狄斯，对我来说更为真实的情况是，我很痛苦。我不喜欢对这里的所有人都这么担心。我不喜欢担心客户会发生点什么。而且，以过去 5 年来对你的了解，看到了它让你付出的个人代价，我想帮助你解决这个问题。这对于我来说要比我们是否达到每月的利润指标更为重要。你能接受吗?”

“我不知道说什么。我真的非常感激这次谈话。我知道自己有很多问题需要解决，但是，把所有这些都摆到桌面上，我感觉就像终于能够喘口气了。”

“我完全明白你的意思。这也是我最近对自己的认知。真正让我抓狂的并不是这些问题和挫败，而是试图压制它们而不是面对它们、讨论它们而且相信如果我敢于冒险就会有办法解决。意识到这一点对我个人来说具有深远的意义。不是说我是专家，我也是刚开始了解。但是我想你也能这样。我们在这方面能够做出些了不起的事情出来。”

“这很令人激动。我认为团队会喜欢听你跟他们多讲讲这些道理。”

“好啊……我想你是对的。谢谢你这么说。我确实需要跟他们多讲讲这些道理，他们也需要从我这里听到这些内容。我想想如何开始做效果会更好，但是如果发现有好的机会，你会告诉我的吧?”

“当然，我一定会的。”

“那就好，所以，我们今天的这个话题就聊到这里吧。下周我们再回头来看看，如果你愿意，也可以提前，跟我说一声就行。但是，我们来总结一下今天聊了些什么。你可以来做总结吗?”

“我试一下。就是说，团队不把工作当成自己的事情的原因，至少有人是这样，就是我在要求他们投入工作方面有点心慈手软。我让他们有借口回避困难。如果我要是学会了对他们问责，就会为他们创造出更大的空间去发挥他们应有的能力。问责会给他们压力，一种良性的压力，把工作当成自己的事情。我们将会与每个人一起努力，并指导他们走向你给我指出的这条道路。对吗?”

“完全正确。真是太棒了。我只想再加一条，与你共勉。我看待它的方式，我们所讨论的，不是企业或者个人，而是两者。这是一种你在生活中习得的如何与工作以及与其他人关联起来的习惯——我们每个人都有自己不同的表现形式。我所要指出的是，这种个人问题如何以一种影响企业的方式表现出来。从我的角度说，这些是这次谈话的基本准则。最终，你如何去解决这个问题是你自己的事情，与我无关，当然我会尽我所能帮助你，但是确保你着手解决是我的事情。而且我的工作是就在一段时间内改变这种情况对你问责。这当然不是一蹴而就的事情，而是要慢慢地而且确定无疑地推进。我们可以握手认同这一点吗?”

“当然，而且我刚刚说过，我很需要你在这个问题上给我的帮助。这可以为我改变很多的事情。”

“好，我到位了。所以，下面是我的提议。在接下来的6个星期里，这个问题是我想在我们每周的例行会面中要讨论的事情。我希望你着手拿出一份计划，可以是某些大事情，但是小事情更好。你能够采取的开始把责任交还给他们的那些小步骤。可以吗?”

“可以，我去办。这个听起来很酷，而且，如果我可以搞清楚如何做的话，那会是一个巨大的解脱。我总是听到‘榜样的力量’这样一种说法，或许现在我有机会去实践了。”

“那就对了。具体说一下，如何通过榜样的力量去引领?”

“因为我要学会让我自己为改变负起责任来！而且，如果他们看到我在这样做了，那么或许就会对他们产生影响。”

“完全正确。而且我想说的是，不只是单单要影响他们……更是要激发他们。你知道为什么吗?”

“激发他们？不……我不明白。”

“梅瑞狄斯，你认为你的团队知道你是那个要为他们自己的人身伤害承担很大责任的人吗?”

“我从来没有想过这个问题，但是确实是这样的……我认为他们知道。有时候他们会说类似这样的话，比如像‘你应该放个假’，诸如此类。”

“好，那么我们换个话题，你想象一下你所了解的有关于我在努力摆脱的某种事情。我们暂时假定你已经知道我的那个问题有一段时间了，就是那种我身上存在的顽固习惯，然后，忽然之间，你看到我改变了。这会让你如何感受？”

“我会想，哦，如果她可以做到……那么我也能做到。”

“这就是我想说的意思了，梅瑞狄斯。为这里的所有人做到这一点是我的责任，为这里的所有人做到这一点也是你的责任，但是，尤其要为那些直接向我们报告的人做到这一点。”

“那样的话，这里就会变成一个更有意思的工作场所了。”

“这样的结果难道不是很酷吗？那些我们都需要解决的个人问题，居然如此直接地与我们努力想实现的外部结果绑在了一起？正如你能看到的，我以一种新的方式聚焦于这些动态力量上。我们将一步一步地实现，并且将一起到达那里。我们可以做到这一点，对吗？”

“对。”

“那么，梅瑞狄斯？”

“什么？”

“谢谢你。”

刚刚发生了什么？

我们强调一下谈话中的一些关键时刻，并且略微放大一点，以便能够更清楚地看到凯瑟琳是如何在这个过程中应用了优秀的权威的某些原则的。

1. 注意凯瑟琳是如何以一种开放的方式入手，而且问梅瑞狄斯她是否注意到了同样的行为，而不是理所当然地认为她注意到了。

2. 凯瑟琳没有拒绝梅瑞狄斯有关更好体系的建议方案，但是把她的关注点牢牢地放在背景和文化问题上。梅瑞狄斯认为问题可以通过一个更好的系统来解决的反应是一个常见的潜在陷阱。尽管他们或许知道不止于此，但是很多领导人就会驻足在那里，并且被所提供的解决方案牵着鼻子走，而不是把谈话进一步推进到可能令人不舒服的领域。

3. 她花时间化解那些陈词滥调："'不擅长于'具体是什么情况?"

4. 她花时间进行重构，以便让梅瑞狄斯把谈话看成是进步而不是惩罚，也不是让梅瑞狄斯对自己感觉很糟糕的开始："……不要以对或者错来考虑这个问题。我们就是得尽量找到它根源的问题，才能够改变它，对吗?"

5. 通过开诚布公地告诉梅瑞狄斯，知道了梅瑞狄斯抓住了问题的核心让她如释重负，凯瑟琳向梅瑞狄斯表明，对凯瑟琳而言，梅瑞狄斯能认真对待这个问题有多重要。

6. 凯瑟琳把重心从内容转到了背景上，以简单或者快捷的解决方案来支持更深层次的更加系统的方案，这是她言行一致的关键要素。

7. 她有一套建立在之前与梅瑞狄斯关系上的理论，但是尽她所能把梅瑞狄斯引导到谈话的目的上，而不是粗暴地当面打断："我也不确定它是什么，我们得一起来挖掘……"

8. 她很幸运，梅瑞狄斯来之前对这个问题有所了解，而没有强辩（采取"提示"和"邀请"会有帮助）。但是，如果她采取了强辩的做法，凯瑟琳就可能需要支援，并花更多的时间来巩固这次谈话，才能设计后面的问题。

9. 凯瑟琳与梅瑞狄斯进行过确认，"目前为止情况如何？"以确保对话不要走得太远也不要太快。

10. 成功的一刻出现在梅瑞狄斯发出了"啊，天哪！"

的惊呼，并在她工作中的习惯与生活中的习惯之间建立起了联系："我们说得越深入，我就越能意识到我与丈夫、朋友一直以来也都是这样的情况……"

11. 一个关键时刻：通过承认自己的问题向梅瑞狄斯展示自己的弱点，凯瑟琳为梅瑞狄斯树立了一个如何与她的团队进行同样谈话的榜样："这也是我最近对自己的认知。真正让我抓狂的并不是这些问题和挫败。而是试图压制它们而不是面对它们、讨论它们而且相信如果我敢于冒险就会有办法解决。意识到这一点对我个人来说具有深远的意义。"

12. 当凯瑟琳说，"总是不得不督促他们，才能把工作做到满足你的标准的程度，在与他们的关系中处于这样的位置，你个人是一种什么样的感觉?"她是在提请梅瑞狄斯注意，自己所做的事情如何让自己在工作里外都感觉很糟糕，而且工作上的解决方案也将是个人生活中的解决方案。

13. 注意，甚至当正在解决的是私人主题的时候，大背景如何一直保持在职业方面。讲的还是工作问题。凯瑟琳和梅瑞狄斯是在做私人谈话，她们可以谈感情和悲伤（甚至愤怒，等等），但不是那种会涉及其私生活或者家族史的私密。凯瑟琳不会想要处理她的那些感情问题，这超出了工作谈话的范畴。

14. 当梅瑞狄斯承认她如何不确定而且不知道她将如何去做的时候，请注意凯瑟琳做出的最终的反应。“太棒了！”她说，进一步强调在她的文化中，要找的是尤达式的经理，而不期待拥有所有答案而且全都自己搞定的那种超级英雄。

让这次“谈话”如此成功的一点，是凯瑟琳一直停留在大背景下的意愿和警觉。她让简单的答案来来往往，没有羞辱也不做评判。她清楚，自己的角色不是那种拥有正确答案的人，而是提出正确问题的人。她留有余地，不用她的意见和指示把它填满。换句话说，凯瑟琳找到了办法，不去考验并改变梅瑞狄斯，而是跟她紧密合作：把她全身心地带进当前的情景里。她赋予了梅瑞狄斯自己改变所需的一切。要是有人想以这种方式跟你谈话，你会不喜欢吗？

第三部分

多点尤达，少点超人

第十一章　超级英雄重要，凡人同样重要

告诉我，你计划用你这野蛮而珍贵的生命去做什么？

——玛丽·奥利弗（Mary Oliver）

还记得《超人》中的这个场景吗？在一次英勇的救援行动之后，他坐下来，以确定被救的那个人已经从错误中学到了教训，使他不用再次回来拯救他们。“好的，罗伊斯（Lois），我们一起来回顾一下昨天晚上发生了什么。你又一次经过那座废弃的工厂，正好从那块写着‘恶魔天才在此，切勿靠近！’的牌子前面走过，你决定亲自进去看看。你能向我演示一下你做这个决定的思维过程吗？我担心的是你太过于习惯依靠我在最后一分钟闯入，以至于自己根本就不想搞清楚状况。你懂我的意

思吧?”

当然，在《超人》或者《钢铁侠》《雷神》，或者别的超级英雄故事里，没有因这个原因出现类似的场景。因为这样的一幕会打破超级英雄的神话，成为多年前我在我妈妈的心理学101班课堂上分享的同样神话的另外一个版本，错误地认为让我们有价值而且赋予我们权威的是我们解决问题和实现目标的能力。但是，如果你想要改变文化，创造条件让大家为自己的事情做主，那正是你需要做的事情。你需要直面自己身上的超级英雄神话版本。我在这些年里所看到的现实是，这种内心超级英雄有3种常见的形式，对此我将会在下一章《修理工、奋斗者还是好朋友?》里做更深入的探讨。在我们进入到这个内容之前，我想跟大家分享我自己职业生涯中的一个片段，从中我开始在自己身上看到了那3种类型中的一种的轮廓：奋斗者。

这事发生在几年之前，当时我领导着一家咨询公司的市场营销部门。我们负责营销的产品有好几种，但是当时有一种是我们特别需要关注的。那是一个教练培训项目，这个项目我们几年来一直在提供，所以对于市场来说不算全新的产品。我们想扩大覆盖面，希望能覆盖到新的受众，就是那些几年来列入我们的邮寄名单里但是还不认识我们的人。我们要覆盖所有的基础营销手段：关于最佳练习的博客、作为教练们获取新技能的来源、免费的教育网上论坛、可下载的工作表单，等等。

但是，我们觉得这个项目好像还有潜力让更多的人了解，而且我们一直没有以最清晰的而且最坚决的方式就这个潜力进行过充分的沟通。我感觉好像我们可以做点什么事情，把它提升到另一个高度，但是不确定到底是什么事。忽然脑袋里灵光一闪，我决定把整个团队召集起来，进行为期一天的创新会议。计划简单明了。我们找一个大家都可以安排得开的日子，锁上隐喻之门，做一些天马行空的想象。我的团队是一个不可思议的群体，在创新和实用之间达成了了不起的平衡。我很有信心，如果我们把这几颗脑袋集中到一起，某种伟大的事情就会出现。

电子邮件发出去了，日程安排调整好了，日子也确定了。整个团队包括我在内，都在期待着拥有一个创造性的空间，隔离开在现代企业环境中难以突破的被烦琐小事弄得焦头烂额的日常。一周时间转瞬即逝，我在这个大日子之前的那个夜晚躺在床上，准备睡觉。但是我的思绪根本不配合。

我在床上翻来覆去闹腾了一阵子。什么事情让我如此心绪不宁？我担心次日的会议会空手而回，白白浪费时间？我们做的开场计划够充分了吗？随后我终于想明白了。问题与会议本身毫无关系，我们已经做了足够细致的计划，而且该到的人都会到，问题出在我身上。“你不应该出现在那里。”我脑子里有个声音在说。

“啊?”我回答道，理解上慢了半拍。但是那个声音显然是个搞推销的好手。

“你老是在说团队里的人有多强；他们如何具有创造力、聪明而且诚实。你是想说没有你他们就做不了这个事情，也就是说，会议室里没有了你的思想就不会有什么好事发生吗？你不觉得那样的话你显得有点小傲慢了?”哎呀。

凌晨1点，多次尝试睡觉失败后，我想采取点小行动或许能够让自己的心绪平静下来。我给团队里的两位高级经理发了个通知：“嘿，两位，计划有点小变化。我知道这让你们感觉有点意外，但是我将不参加明天的会议。我想向所有人解释清楚原因，所以我会到场参加最初15分钟的会议，做解释工作，但是我希望你们两位主持好全天的会议，好吗?”第二天上午我做的第一件事情是跟这二位碰了面，对会议保障工作进行了核查，确信他们已经进入了状态。我在两个人脸上看到一丝焦虑——“如果他不在我们做不好这件事会是什么后果?”但很快就被对眼前这个机会所激起的那种显而易见的激动所取代。

我的电话在当天下午1点响了起来。他们暂时休会，去街角吃点东西。“嘿，乔纳森，你能过来几分钟，看看我们到目前为止取得的成果吗?”从背景中的声音我能够做出判断，会议进行得非常顺利。他们给我看了几张线框图（他们设想的新网站的主干草图），他们在这个过程中奇思妙想出来的说明，以及他们预计完成这个工程所需的时间。一直到此刻之前，我预期的是大概需要两个月的时间设计、构建并测试这个新的网站。但是，他们把范围急剧地扩大了。不是他们想做更多的事情，而是他们想把太多的时间花在小问题上：点进网站时的用户体验、微文案（micro-copy）、所有那些把一个平常的网站体验转化为令人愉快体验的事情。

“需要多长时间能够投入使用?”我询问道，同时屏住了呼吸。“我们能够在6个星期内做完。”他们信心满满地说。他们错了。他们其实只用了4个星期多一点的时间，主要是因为他们的干劲像病毒一样地传播。他们得到了来自其他部门的同事的支持，他们需要得到这些部门的帮助。他们向这些部门的人说明，这个工程也是为了他们的利益，解决了我们的在线平台的一些开发者关切的有关总体的稳定性和灵活性的问题。

我并没有置身事外，而是做了我当时职业生涯中一直努力想要做的事情。当进入到其中的创造性的部分——思想、定位以及视觉概念——的时候，我没有因循守旧。我相信他们能够拿出比我靠自己一个人能拿出的更好的想法。我开始具体实践以前一遍遍空谈的事情——我不再认为他们没有我那么上心。在接下来的那一个月里，我使用释放出来的精神空间指导他们应对过程中遭遇的很多挑战。但是，关键在于：那些问题成为他们现在的挑战，变成他们需要克服的障碍。这是他们需要取得的胜利。他们获得了这个胜利。我仍然具有把握大方向的话语权，如果我感觉他们好像走错了道路，我可以在任何时候进行干预。但是他们没有。而且结果远超我们为这个工程所定下的原始目标。而且，尽管为赶新闻发布会的时间不是没有几次干到很晚的夜晚，也有最后一分钟才发现的差错，但是我们在这个过程中获得了很多的乐趣。

首次会议后的次日，我头天所拜托的其中一位，团队中的另一位成员，走到我办公室门口，敲了敲半掩着的门。

“我只是想就昨天的会议谢谢你。”

“哦，不客气，我想……我也没做什么……你们大家伙想出来的主意很不错。”

“啊，不是……你错了，”他说，“你没在场反倒有了更大的存在感。我们觉得你一直跟我们在一起，支持我们，每时每刻。”

啊，我们大脑中的那个讨厌的声音。那种认为我们能够做出贡献的唯一方式就是知道答案并将自己奉献给目标的声音。

我们花点时间返回到在那期间我所做的事情上。正如你可以想见的，从那天的会议到一个出色的新网站，这个过程不会是一帆风顺的。在接下来的那个月里，前行的路上遇到了上百次的拐弯，做了很多的决策，做了很多的妥协，在某个特定领域投入的资源要比原本计划的多或者少。尽管没有出现任何的大喊大叫，但是激烈的争论和大量的小矛盾和摩擦还是层出不穷。团队工作的进度很快。团队成员有不同的工作风格，个性独特而且处于他们职业生涯的不同阶段。我的工作，也就是在此期间我决定要承担的任务，是成为这项工作中个人方面那部分的资源。

正是这个方面，这个我称为领导一个团队并以此帮助大家的尤达那一面（Yoda side），让我学到了如何为自己去做。如果你回想一下原本的《星球大战》电影以及身陷泥沼（谈话、培训和全方位感应）中的那些可爱场景，你就已经知道了它到底是什么样的感觉。尤达所做的，就是为卢克（Luke）打开一个学习的空间并保持住。他分享了自己的智慧，但是只限于卢克愿意听从的范围。由于尤达知道卢克需要在自己的内心找到这个地方，就把那些他早已知道卢克肯定会失败的来自外部的挑战交给他。而且，最后，对于是否做好了迎战黑武士（Darth Vader）的准备，他也让卢克自己做决定。尤达并不确定卢克是否做好了准备。事实上，他基本上认为卢克没有准备好。但是，在他的最佳“优秀的权威”时刻，他选择相信结果，并尊重卢克的选择。

在更大的范围上说，尤达在有关管理并领导大家方面教会我们的，更多在于他没做什么，而不是他做了什么。他没有给卢克答案。他有勇气让卢克自己打出来，而不是冲进去救他。他没有试图成为卢克的朋友，告诉他一切都会好的，也没有因为他的努力给他一枚金星勋章。他没有拯救卢克于失败的痛苦之中，而是让他自己获得成功。他没有大喊大叫，也没有骂卢克是笨蛋。一句话，他站在卢克的身旁，把最好的自己投入到这个年轻人身上，等待着看会发生什么。关于卢克的潜能，他自有一套理论。但是他有自己的智慧，知道除非卢克自己发现了该潜能，否则他的努力只可能白费。

如何才能把这种思想转化为与团队共同实施的实践？当时我并没有想到这些问题，但是，当我重新回想的时候，我发现当时我所做的工作有 4 种具体的策略，而且当你从这里起步向前迈进的时候，你也可以采用下面这 4 种策略：

1. 我确保自己的日常安排留有足够的空档，不会被背对背的会议卡住，以便当大家来到我办公室的时候，我有时间和精力去倾听。

2. 我坚持他们每个人每周都与我进行单独的会谈，尽管（尤其是如果）他们那一个星期感觉崩溃的时候，因为我在这些年里知道了当我们说自己崩溃了的时候，隐藏在后面的意思几乎都是某种我们不懂如何去做，而又不敢寻求帮助的事情。

3. 我保持与负责管理其他部门的同僚的主动沟通，确保我们与下属之间不会有什么事情偏离正轨，这样做的主要目的不是保护下属，而是保护我们付出如此大的努力为他们打开的那个创新空间。

4. 最为重要的是，我只是提出问题而不给出答案。下面是一些示例：

“我不确定。你怎么看？”

“如果我不在这里提要求的话，你会怎么做？”

“如果你冒这个险的话，你会担心什么事情出错？”

“现在正让你痛不欲生的事情，如何与我们一直在讨论的长期增长主题联系起来？”

“你要怎么关心自己，才不会累垮？”

而且，一如既往地，造成差异的不是问题本身。我见过很多经理试图按照这样的思路使用战略战术，嘴上说得天花乱坠，但实际上心里并没有真正把它当回事，结果总是事与愿违。做领导工作没有谁可以替代你，在每天的日常工作中，让这种类型的问题自然而然地出现，不给人留下管理发言千篇一律的印象，哪怕比过去的版本更进步一些。言辞确实是重要的，但是让他们知道你想要成为什么样的人更为重要。

超人的噩梦

下面是我的故事中最后的也是最为重要的部分。如果我让这个时刻听起来无足轻重的话，就让我来澄清一些事情。它并不简单。撤出我内心里的超级英雄（我作为思想者的优点、驱动并推进事情发展的能力、协调资源的能力、所有在截至该日为止在我 20 年的职业生涯必须倚重的事情）简直就是地狱。我等待着看他们在我不在场的情况下会拿出什么结果的那个上午，一直在紧张地搓手、检查电子邮件和假装镇定。不是因为我害怕他们做不出漂亮的工作来，而是因为害怕他们做得出来。然后又如何？

如果他们可以不用我就能做了，那我的价值何在？如果不是为了我所具备的这些长处，那为什么要给我这么高的薪水？我这样做是不是正好让自己可以完全被取代而且被抛弃？我无法等到你有这样的时刻。不是因为我是一个虐待狂，而是因为你将到达成为“优秀的权威”道路上的首个重要的里程碑：你将跌入到领导绝望（leadership despair）的存在陷阱（existential pit）之中。不用担心，它并没有听起来那么糟糕。

第一个重大好处是这个：尽管超人受到了很大的压力，尤达还有很多休息时间。超人是个工作狂，一直在反复奔忙，寻找电话亭。确实，他做了很多拯救工作，但他也做了很多越俎代庖的事情。他不懂，就像我过去也不懂，如何在房间里留下足够的氧气供其他人成长。现在，我可以回头看着过去而且大笑，审视我职业生涯中的所有重要时刻，当时想要成为英雄，我造成了与我的愿望相反的结果——或者至少是没有获得想象中那么好的成果。这是拯救众生（或者试图拯救众生）的行为，剥夺了别人的权力。这种做法禁锢了他们。要求他们求稳、等待。这种做法造成他们对自己说，“我不用走出去，反正他 / 她会冲进来力挽狂澜。”

脱下斗篷

要把重心从超人转到尤达上，从承认下面这个现实入手：让你走得这么远的那些优势已经成为你的局限。你解决问题、努力向前推进、不计个人成本达成结果的能力，不再能够支撑你、你的团队或者整个组织。成为英雄的冲动不值一提。或者，更好的说法是，成为那种短期英雄的冲动不值一提。因为当你帮助某个人成长，而且突破某种多年以来一直禁锢他们的东西，从某个方面来说也是英雄行为。它只是一种安静的方式，不会让你上报纸，但是，如果你跟我一样，它就会成为你一天中最有意义的时刻。

而且，从另外一方面说，这些品质（你对获得伟大成果的毅力和热情关切）是你能够提供给团队中所有人的礼物。你能做到这样，是因为从自己身上撤出了那些品质，为让他们形成自己的版本提供了空间。等待……是最难熬的时刻。它不会在一夜之间发生。他们会在一段时间内继续期待你一跃而入，一直到你向他们证明你坚强到足以抵御这种敦促为止。

如果你需要动机的话，请仔细看看团队里众人的脸庞。不要局限在友好谈话、寒暄以及当前的氛围上。你能够看到大家多么疲惫、工作多么辛苦而且他们已经被禁锢得有多么严重了吗？在你的私人生活里，在你说出像“我如何才能让他们做到像我一样关心？”这样的话时，听听你所爱的那些人的叹息。你的精神超级英雄，就是耸立在你和你想实现的梦想之间的那个版本的你。我所认识的企业领导人中，无一能够免俗。

一直到我把它弄清楚了，我都没有意识到我会想要成为超人。我只是认为我在干自己的工作。但是我开始意识到，我所代表的超级英雄的具体类型是 3 种中的一种——我们接下来要讲的 3 种领导风格典型。正如你将看到的，每种典型都有一种泛滥成灾的优点。通过揭示你独特的超级英雄风格，并冒险脱下斗篷，你就会担负起转变公司文化过程中你应尽的责任，为其他人取得突破性的成长创造空间。它或许会改变他们的生活。它肯定将改变你的生活。

第十二章　修理工、奋斗者还是好朋友？

摆脱它。

——泰勒·斯威夫特（Taylor Swift）

有时候，哪怕就只是待在房间里，也都会成为一种剥夺别人权利的行为。这是担任领导者角色所面临的众多看不见的挑战之一。让你爬到如此高位的那些优点亦然成为一种责任，无论你处于什么样的背景，出现这种情况的可能性都非常高。一方面，大家都非常习惯于服从权威。但是，也有另外一种完全由你掌控的情况：当你说了算的时候，你的意见占据了比别人更大的空间，无论你是否有意而为。你说话做事的分量就比别人的大。这不一定是坏事。只有在它剥夺了别人寻找自己声音的权利，而且也丧失了寻找的动机时，才是坏事。

在上一章里，你听到了我如何在自己身上找到奋斗者典型的故事。或许你在那里也看到了一丝自己的影子。但是，还有另外两种典型你可能会发现更能触动到你：修理工和好朋友。在我们奋力向前一跃之前，先明确一下我们所用的术语，尤其是我为什么选择“典型（archetype）”这个词。这个词有多重含义，但是我喜欢的是这个：集体继承的、无意识的思想、思维类型、想象等，也就是它广泛地呈现在不同的个体中。

我喜欢这个词的原因是，它既是稳定的同时也是灵活的。它描述一种有形的事物，这种事物稳定到足以以一种有意义的方式进行讨论。但是，与此同时，典型有一种针对于它们的灵活性，我们能够在它们之间移动，或许在不止一种典型中发现我们的身影。最为重要的是，典型兼具阴阳两种性质。每一种典型中都包含一种天分以及由该天分所造成的挑战，对此我们必须保持警觉。

你可以以不止一种方式使用这些典型。你很有可能发现，自己领导力的主导类型更偏向于某一种而不是另外的那两种。（例如，在我的职业生涯中，我一直都会时不时地扮演“修理工”和“好朋友”这两种角色，但“奋斗者”则是我不可或缺的主题。）如果你是一位经理，这些典型也可以是带给你很大帮助的镜片，透过它可以审视你的团队，或者你的整个组织。你或许会觉得自己拥有“修理工”文化，这就会告诉你在变革时要关注什么类型的全文化沟通和行为。由于我们已经讨论过“奋斗者”，就让我们从“好朋友”开始，然后再倒回去。

好朋友

“好朋友”的格言：“我们大家都在同一个团队里。”

“好朋友”是一位始终保持办公室房门大开而且面带微笑的领导者。记得第七章的马库斯吗？他给我们展示了“好朋友”的优点和缺点，以及变革过程的绝佳范例。“好朋友”随时都准备好了回答问题，对心情不好的人进行鼓励，并且尽量把团队中的每一个人都像家人一样看待。总的说来，他们很好相处，而且一旦某个文化问题引起了他们的注意，就会一跃而起，把事情做得更好。他们对团队将会经历的事情都非常关注。在三种典型中，当涉及建立你在本书中学到的个人文化时，“好朋友”在很多方面都具有最自然的技能。当涉及这个等式的关怀端时，好朋友具有大量的储备。但是这种关怀和大度的过度泛滥，从长远的角度看往往会给“好朋友”带来适得其反的结果。

“好朋友”型领导人通常搞不明白的是，高谈阔论我们大家同舟共济，或者就像“好朋友”经常说的，团队里的所有成员都共属一个大家庭，是多么危险的一件事。想要打造出一种温馨、私密而且宾至如归的氛围，让大家有归属感，是一个崇高的愿望。但是，“家庭”这个词对于大部分人来说显得有一点点的微妙。它产生出来的困难情绪至少与积极情绪一样多。而且它建立起了一种令人非常困惑的复杂现实，因为你不可能开除家庭里的任何一名成员，但绝对必须能够开除你手下某个不能胜任工作的人。这样说并不意味着永远不能跟家人或者好朋友一起工作。但是，面对那些认为问责应该针对所有人，而且应该一碗水端平的员工时，就会让事情更加难办。你跟某个人的私交越好，你对要求他达到的标准也就必须得越高，才能对冲以一种对他人不公平的方式给他令人生疑的好处的自然倾向。

这就把我们带到了“好朋友”型领导的阴面：“好朋友”努力维持一种持续的卓越标准。出于显而易见的理由，在紧要关头，而且当“好朋友”型领导人必须得在表现强硬或者友善之间做出选择的时候，他们倾向于选择友善选项。这对团队中的个人和总体的文化二者都会带来严重的后果。团队中的个人倾向于对他们认识自己所需的那种界线，不做严格而明确的区分。至于团队，难以承受的压力放到了比较强壮的成员身上，他们得负担起一些额外的工作，这些工作的产生，是因为“好朋友”型领导人对那些本来需要给予一定压力的人太过于仁慈。而那些比较强壮的成员会诉诸自我评判，按照这样的思路考虑问题：“或许我对克里斯的要求确实太高了，我的意思是老板似乎不认为那是个问题。” 这种内心的对话每个人的心里都有，他们试图搞清楚自己的所见所感，整个组织里到处都是这种情况，这样就形成了公司文化中隐藏的不稳定力量。由于处事太仁慈、太随和而且太愿意听取别人的意见，“好朋友”型领导人往往会形成并支持那种缺乏问责和对绩效没有明确期待的文化力量。

在“好朋友”型领导人主导的文化中，通常还会发生一种一反常态的事情。由于关于问责的标准和一致性认识方面的宽泛，不能进行讨论的那些问题需要有个出口。这就导致了流言蜚语和权术，通常就掩盖在表面上的祥和与积极的文化之下。大家彼此间很难做到坦诚相待，因为这种文化对和谐的要求超过了诚实。甚至对自己生活中的其他方面有很强烈的意见的人，出于自我保护的原因也会顺应这种文化的强制要求。即便如此，也强于去冒那种被评判为或者被批评为“太尖锐”的风险。当谈话不能够真实的时候，所有人都是输家。

与另外两种领导力典型相比较，“好朋友”型领导人为形成团队的氛围担负了太多的责任，他们总在担心别人的感觉如何，并且从顶层以正面的和集体的方式来看待事物。对于“好朋友”型领导人来说，其任务就是给那种趋势踩刹车，并且自己不要太主动去做文化和团队建设工作。通过已经了解到的这些优点与缺点，你大概已经能够建立其相应的对应关系了。通过减少他们过去习惯依赖的那些优势以及微行为，转换关注的焦点，“好朋友”型领导人就能为其他人自己拥有这些优点和行为打开空间。让我们明确一下：这种重心的转移工作做起来并非轻而易举。

为了形成他们想要的文化，“好朋友”型领导人必须解决一种担心，这种担心我们当然都会有，但是它对“好朋友”型领导人的影响要大于对其他另外两种典型：担心别人不喜欢自己。“好朋友”型领导人必须接受这个简单而且令人不舒服的真相：当你手里掌握着大家的薪水支票时，你不会跟他们成为一伙的。这是领导的代价。当你接受了这个现实的时候，某些非常有意思的事情就会发生。你的团队能感觉到在有关公司业务的问题上你清晰的思路和想要达到的目的，也就有了以他们也在寻找的方式成长和改变的空间。结果就是，“好朋友”型领导人能揭示出一种新型的职业关系，不再像以前那样友善或者随意，但是更加鲜活而且值得。

我们总结一下“好朋友”型领导力典型，并且勾勒一下他们从超人到尤达的独特修炼历程：

“好朋友”的天分。“好朋友”型领导人对人有一种天然的关怀之心，而且对于关注文化的重要性，也不需要任何人告诉他们。他们是服务导向型的，通常具有很深的宗教和精神信念，而且会是第一个说“文化即一切”的人。“好朋友”型领导人看重人际间的关系，而且当有人遭难的时候会出手帮助。“好朋友”型领导人相信所有人都应该得到第二次机会，而且真心诚意地想把这个机会给他们。

“好朋友”的挑战。“好朋友”型领导人在打造问责文化方面很艰难。他们最大的噩梦就是被别人看成是暴君。他们对大家的同情造成了对感觉后果可能会很严峻的情况处理起来很艰难，甚至当事实其实并非如此的时候。由于很不情愿被看成是坏家伙（无论男女），“好朋友”型领导人让他们的团队丧失了“优秀的权威”的一种关键元素：心甘情愿地代表那些需要改变的事情，并且要求每个团队成员做好自己的本职工作来改变它。

“好朋友”的修炼历程。为了完整展现他们的优点，“好朋友”型领导人需要做些事情来加深他们工作以外的各种关系，以至于他们很少需要来自团队人员的友谊，并且能够更好地忍受因为处于领导地位而无法避免的孤独，尤其是在首席执行官的位置上的话。要想重置内部的问责形式，“好朋友”型领导人需要与团队中的每一位成员做职级设定谈话，明确目标、角色和责任。而且，对于所有无师自通的领导人来说，很残忍的一种情况是，“好朋友”型领导人必须对他们迄今为止所形成的各种势力拥有 100% 的掌控。你有权力通过主张自己在建立并维持过去协议方面的地位，要求大家适应一种新的协议。

“好朋友”的尤达时刻。“好朋友”型领导人通常都是强大而且自谦的沟通者，他们知道如何以一种轻松而且直接的方式谈论重要的事情。下面是“好朋友”型领导人会采用的说话方式，当然是用他们自己的语言，重新开始文化谈话：

“嘿，所以你懂我的意思，也知道我多么想让这里变成一个很棒的地方，让你们大伙在这里都很快乐。但是我真的不知道该怎么做了。这只是一个例子，但我们现在已经三次接到对这个服务的投诉了，而且我感觉好像没有人真正在认真对待，或者负责任地去考虑为什么会发生这样的情况，以便我们能够对此有所表示。快乐是没错，但那应该是干出伟大事业来的副产品，你理解我的意思吗?”

你能如何帮助一位“好朋友”型领导人? 如果你是“好朋友”型领导人的教练、咨询师或者导师，帮助他的最好方式就是让他担负起接受高处不胜寒的现实的责任——无论是在首席执行官的任上，还是一家较大组织里的团队领导。他们都需要你指出具体的事例，让他们意识到自己与团队里的人走得太近，无论是有意识地参与了太多会议、说话的口气还是他们与团队里的人交往的方式。在社交媒体时代，老板们尤其应该小心，如果成为员工在脸书等类似社交媒体上的好友的话，边界会如何被模糊，这样的事情都太常见了。没有什么例子会是不起眼的。帮助他们找到保持健康距离的勇气，你会帮助他们回到打造自己真正想要的文化的正确道路上。

对“好朋友”型领导人的最后一点忠告。 下面是一点建议，对于那些将要带领新团队或者开办新公司的“好朋友”型领导人尤为有用，尽管说无论你属于哪种领导者类型其实都应该牢记于心：比你可能想象得到的多那么一点点严肃、正式以及公事公办的态度，并没有什么害处。以你的风格来说，一段时间之后，大家很容易热络起来，而且会变得更为融洽及透明。而要想变成相反的方向则更为艰难，一旦你在开始的时候过多地成了团队的一部分，就很难再获得坚实的基础，重新建立你所需的权威。

奋斗者

“奋斗者”的格言：“为什么我们不会?”

“奋斗者”型领导人拥有层出不穷的新想法。而且不局限于那些显而易见的事情，比如像发明新产品或者给公司重新改个名。“奋斗者”型领导人在哪里都能够发现新的主意，也就是改进的各种机会，从提高纯度到商业模式，再到现有产品和流程的微调，还有就是消费者旅程中的微时刻。“奋斗者”型领导人终生秉承这样的真理，无论什么东西，总还能够更好，你总是能够找到更接近目标的下一个刻度。“奋斗者”型领导人用米开朗基罗看待他著名雕塑的方式看待他们的企业：他们必须把每一片不属于“大卫”的石头都凿掉。

这就是为什么为一位“奋斗者”型领导人工作总是会像打了鸡血一样的原因。“奋斗者”型领导人是3种类型中最天然的鼓动者：他们的团队和组织都是有追求的；他们将要去某个地方。如果你为一位“奋斗者”型领导人工作，会感觉好像伟大的工作和创造性的想法都是有意义的。“奋斗者”型领导人在每个拐角都能看到机会和可能性。但是，在某些时刻，就算“奋斗者”型领导人还没有精疲力竭，团队也会撑不住。

“奋斗者”型领导人的阴面就是很难跟上他们的步伐，也很难与之竞争。不是因为他们比别人走得更快或者说比其他的类型更聪明，而是因为他们不在意会在自己身后形成多少工作。他们意识不到自己的想法占据了多少空间，留给其他想法的空间微乎其微。“奋斗者”型领导人不会明白他们的出现剥夺了团队的多少权力。“好朋友”型领导人为社交黏性担负了多少责任，“奋斗者”型领导人就为拿出想法来担负了多少责任。当领导者如此之快地有了想法，团队就没多少动机去想自己的主意。就算想了，在一个“奋斗者”型领导人主导的团队里，他们也没有时间去为此做任何事情。

新想法花费大量的工作精力去实施，而且“奋斗者”型领导人并不在意额外的工作对大家的影响，也不在意额外的工作让大家放弃那些同样重要的责任。这种工作生成因素在我职业生涯中的大部分时间里都不会在我作为“奋斗者”型领导人的雷达上出现。我无法想象一个来自首席执行官的想法会很快形成 5 项工程，把 10 多人吸入工作环路里，并且让他们放弃了其他的重要工作。更不用说在现代的企业里，已经失控的所有那些额外的任务转换所带来的真金白银的成本了。

下面是其令人啼笑皆非之处：当“奋斗者”型领导人学会认识这些影响，并且通过认真倾听别人的意见来提炼他们的方法的时候，他们也就能够记住 2 个或者 3 个最佳的完整意见，而不是 6 个或者 7 个完全还处于半成品状态的意见。但是，首先必须先有减速的自律。被认可而且高度评价为终生都有层出不穷想法的“奋斗者”型领导人，很少能够遇到强势的人，这个人要强势到足以对他们控制自己创造性的行为问责。我很幸运，在我职业生涯的关键时刻有这样一位导师为我做到了，就像我在第八章里所分享的那样。

“奋斗者”型领导人有始无终的典型情况有两种。第一种，他们产生出想法，而且不想完成这些想法。在“奋斗者”型领导人已经转换到了下一个想法、下一个大冒险或者新技术上的时候，团队还留在那里干等着。这会在团队里造成沮丧情绪，长此以往，会破坏“奋斗者”型领导人以另外的方式所带来的激励和鼓动特质。第二种，“奋斗者”型领导人很少做复盘分析。甚至当他们的想法投入实施，他们也不会停下来弄清楚结果并进行量化分析，所以这些结果不会预示出他们随后将产生出什么样的想法，这将导致更多的精力浪费，反反复复。

“奋斗者”的天分。“奋斗者”型领导人从来不会停止问为什么。他们总是在推动让事物变得更好。他们的鼓动非常自然，通常很理想化，而且在看出其他人身上具有的他们自己不具备的潜质方面很有一套。他们被一种欲望驱使着去打造一个更加美好的世界。

“奋斗者”的挑战。“奋斗者”型领导人很难看到小事情的价值。他们不情愿移动到小数点的后一位，不愿意及时追踪工程的真实成本，包括资金和士气，因为他们不想把注意力从实施他们的下一个想法上移开。“奋斗者”型领导人最大的噩梦就是面对现实。

“奋斗者”的修炼历程。“奋斗者”型领导人的转变时刻就是接受世界该是什么样就是什么样的时候，还要认识到改变以小步和逐步完善的方式出现。他们需要锻炼出定位到下一位小数点的实力，认识到这样做并不会压制创造力或者自我表达，反而会释放它们。他们最初会把截止日期、有限的资源以及当前的无效率看成是煤块，但是，随着重心的转移，“奋斗者”型领导人将会开始把它们看成是内含有钻石的资源。

“奋斗者”的第一步。对于大部分“奋斗者”型领导人来说，第一步要做的事情就是与他们的团队一起忘掉过去，承认他们的风格至今为止所缴纳的学费，并愿意去了解大家怎么会变得如此沮丧。或许会像这样说：

“嗨，朋友们，我一直在做一些思考，而且我意识到了我走得有多快，我给你们的压力有多大。我现在才发现这一点。真的很抱歉。我知道你们有些人曾经尝试过想要告诉我，但是我没有听。我真心想把这种情况给改变过来，我很希望你们给我出出主意，该怎么办。我现在有这样一个想法，我保证不是要增加大家的工作量，我的想法是我们大家一起来规划一下，看看哪些工作可以归档、哪些想法可以删除，等等，目的是清空我们收件箱里的所有邮件，为那些理应获得关注的正确事情腾出更多的空间。大家觉得怎么样啊？”

你能如何帮助“奋斗者”型领导人？你能给“奋斗者”型领导人最好的礼物就是一位强势的问责伙伴。他可以是一名强于数据驱动流程和改进的经理、心理强大的教练或者导师，在精神开始游离的时候他们能够给拉回来。无论是谁，他们都必须是一个在精力上能够与“奋斗者”型领导人相媲美的人，相互间能够建立起信任，并且向“奋斗者”型领导人展示如何更加有效地重新分配精力。让他们为减速担责，并一直保持减速，直到其他人开始有自己的想法和主动性出现为止。通过这种方式，你将帮“奋斗者”型领导人实现他们的梦想：打造一个由想法驱动的团队，在创建某种伟大的事物的道路上，不再害怕冒风险。

给“奋斗者”型领导人的最后赠言。粒度（Granularity）是你最好的新朋友。花点时间把问题分解成不同的组成部分。然后把这些组成部分再分解成更小的组成部分，并寻找出其中的样式和它们之间的联系。如果你改变它们顺序会怎样？如果你把第三步彻底拿掉会怎样？你愿意理解得越细致，你的想法最终拥有的力量就越强大。

“修理工”

修理工的格言：“要想把事情做好，就得自己动手。”

“修理工”是那种听起来最耳熟能详的类型。我自己是在数年间写出了所有有关他们的事情之后，才最后告别了这种类型的。他们是3种典型中被误解得最严重的一种——这类领导人和经理在生活中倾向于微管理，他们的世界中只有任务，总是在从任务清单中划去完成的事项，发现别人的错误，也发现自己的错误。所有事情都要先经“修理工”亲自检查之后才能出门。他们把一整天的时间都花在打磨事情上面，直到尽善尽美为止，连那些别人一般不以理会的刚冒头的小问题都不放过。“修理工”会把自己看到有破损的所有东西都要修好。一旦被释放出来，这种天分就成了“修理工”型领导人的领导路径。由于这种技能和对细节的关注在他们身上表现得要比在另外两种类型上更为自然，因此，“修理工”型领导人能够成为卓越的化身。准确点说，是在他们避开了其他两种类型身上的卓越之道之后。

我过去常在一众领导人面前追问“修理工”型领导人一个问题。“你不得不冲出来为你的团队解决问题，如果你不来做，就做不好。这并不是你想看到的情形吧?”“修理工”型领导人马上就会原形毕露（尽管读过本书之后就不再这样了!），以无可奈何的叹息，或者“我不下地狱谁下地狱”似的悲鸣说，“我怎么会不知道……只可惜找不到对卓越的追求跟我一样的好人啊。”

“骗子，你们都是！”我会这样说，当然是以玩笑的口吻，“你们想当英雄！你们喜欢冲出来拯救世界。”然后，恍然大悟的笑声充满了整个屋子，这种笑声能够让我们看清楚自己，而且感觉到解脱。在修理的行动中，“修理工”型领导人感觉更好。它挠到了痒处，让他们感觉到自己的价值、重要性和作用。对于“修理工”型领导人来说，重点是看到他们填满了多大的空间，这一点与“奋斗者”型领导人和“好朋友”型领导人所用的方式一样。除了不想做社交黏结剂或者主意黏结剂之外，“修理工”型领导人想要用卓越黏结剂把所有事情都集合在一起。但是，他们的标准太高，以至于一段时间之后，团队里的其他人将会连达到标准的尝试都会放弃。

“修理工”的天分。“修理工”型领导人是追求完美的专业人士，在他们所属的行业里堪称工匠。他们哪怕花再多的时间，就是要把它做到最好。他们竭尽全力，也要深入到消费者体验的最后一厘米，或者在做指导的时候花再多的时间也要把他们的意思完整地解释清楚，因为那对他们的形象关系重大。妙不可言的体验会让他们心花怒放，而且很想把这种高兴分享给其他人。他们有能力做指导、培训并激励大家追求那些在我们的世界里令人望尘莫及的卓越标准，尽管他们通常得先学会耐心。

“修理工”的挑战。这种无微不至的关怀标准的另一面是，“修理工”型领导人常常一叶障目。他们整天忙于修订打字错误，回访有怨言的消费者，并对他们没有办法掌控的所有事情都要反复检查，亲自体验自己不理解的或者没有经历过的事情。当他们放松警惕的时候，掌控和发号施令的欲望就会蒙住他们的双眼，对带领一个团队会面临的混乱、私密以及人为的因素视而不见。

“修理工”的修炼历程。修理工通过学会放下对控制的太多需要，从而改变他们的领导风格。他们需要学会的不是不做足智多谋的人，也不是不做能让大家开心的人，而是不做负责全公司范围内的质量控制的人。

“修理工”型领导人修炼的第一步。要开始他们从超人变为尤达的修炼历程的第一步，“修理工”型领导人需要有新的历练。他们从走出办公室的各种无论是有系统的还是没有系统的静修中的得益要远大于其他两种类型。“修理工”型领导人的领导路径就是做回自己，放一次为期两周而且关闭手机的假期，在似乎无所顾忌的感觉中放飞自我，下班后在回家晚餐之前做一次按摩。下面是“修理工”型领导人在准备好改变之前可能会做的声明：

“所以，下个月我要外出几个星期。在我走之前让我们花点时间来确定一下你们大家没有落下所需要的任何东西，因为我不会把电话带在身边。老实说，这对我来说会很困难，但是我想迈出这一步，向你们证明我对自己所说的事情有多认真……我相信在我不在的这段时间你们会照顾好所有的事情。你们拥有很好的判断力，所做的决定有时候比我还要好。这是我们往在这里创造更多空间的这个方向上迈出的一小步。”

如何帮助一位“修理工”型领导人？“修理工”型领导人需要为战略性思考负责。如果你管理或者负责教练一位“修理工”型领导人，通常的感觉就像你得把他们的手指头一个一个地从方向盘上掰下来。这样做的时候，要面带笑容，而且心态要轻松。每次做的时候，让他们知道为什么做，而且一定要提醒他们，想想他们打算要亲自去做的事情是属于谁的工作。时刻提醒他们，他们放下的每一步修理工作，都让他们朝领导工作更靠近了一步。最后，他们会为此而感激你。

给“修理工”型领导人的最后几句忠告。别盯着别人看。找机会不再盯着别人的工作，虽然一开始的时候会很艰难。要求他们把自己的电子邮件地址从“抄送”栏移除。鼓励你的团队相互交叉检查工作，而不是提交到你这里来。不出席那些有关流程或者执行的会议。让自己可以去参与事关大局的工作。不要掉入这样的陷阱，认为在你检查完工作清单的同时仍然还有时间考虑战略性的工作和进行大局性的思考。

“修理工”“奋斗者”“好朋友”这 3 者中，无论哪种领导力典型最符合你的情况，都不要把它当成自我批评的工具，尽管说谁都会从没有恶意的人们所开的善意的玩笑中有所感悟。当你在往后的日子里考虑这些想法的时候，请记住，领导力不是终点。它是一个过程。它是我们每个人每天多学一点点，弄清楚我们是谁，我们明天想成为谁，以及我们今天能做什么让我们更接近目标。如果你一直在迟疑，不知道自己是“修理工”“奋斗者”还是“好朋友”的话，那么“少”几乎总是“多”。

第十三章 有什么样的员工就有什么样的领导权威

我们的优点并不属于我们自己，除非它们不再承担必须治愈过去的重任。

这不是正常情况下我们会考虑的事情，但是，一个组织中的任何两个人之间，只存在着 3 种关系。如果你在心里把办公室里的每一个人都过一遍，就会发现：（1）他们向你报告；（2）你向他们报告；（3）你们是同级的（你们俩谁也管不着谁）。我很希望在高中给孩子们教一些基础的权威动力学方面的知识，我们为什么按照不同的角色与不同的人建立关系，以及如何礼貌地质疑权威，因为现代工作场所里存在着的如此众多的问题，都源自于一些对如何以健康的方式与权威建立关系的基础性的误解上。简单来说，健康的方式包括以一种让你们之间当前的协定生效的方式代表自己并且表达你的感觉。

正如我们在对“好朋友”型领导人典型的讨论中所看到的，很多领导人正试图通过共享办公室空间、“我们大家都在同一个团队里”等诸如此类的手段来拉平他们的组织层级。他们不会接受，现实就是当你是老板的时候你根本就无法不是老板，因而也就谈不上合作了。从反面看，很多员工不知道如何从他们的自我权力的角度与老板建立关系，如何在不越界的情况下表达出自己的感受。作为员工，无论你对自己的观点保有多大的热情，你都得接受老板有而你没有的那种焦虑和关心，而且他们看到的数据也很可能跟你看到的不一样。

值得花时间总结一下你的职业关系，并问自己一些类似这样的问题，像“在哪些关系中，作为老板的我表现得不像真正的老板?”“在哪些关系中，作为下属的我表现得不像下属?”以及“在哪些关系中，作为同级的我表现得要么像老板，要么像下属?”学会欣赏并承认每种关系中的等级结构，并不会破坏创造性和个性，反而为之提供了空间，因为在这种情况下，人们可以自由地说出心里的想法，不用费尽心思地去回避隐藏的或者敏感的组织政治。一份明确的而且现行的组织结构图，再加上一些讨论，就能够清除掉很多文化挑战，其数量之多超出了你的想象。

好东西就在这些动力之中，尤其是在经理与直接下级之间，反之亦然。直接的管理关系是一种最紧张、最具挑战性而且在职业上很亲密的关系，亲密到经理可以以一种其他人毕生都无法了解的方式，熟知你的习惯甚至怪癖。而且如果你处于组织结构图中那个很可能非常庞大的中间部位的话，如果你处于除了首席执行官或者一线的位置之外的任何地方，你随时都同时拥有在运行中的两种动力，循环往复。你的老板不止一位，而你又是不止一个人的老板。雪上加霜的是，你跟你的联合经理之间还有同级关系，这些关系有自己潜在的陷阱，而且当然也有美味的馅饼。

一句话，经理在现代组织中承担着人际关系中最为复杂的角色，在很多方面远比首席执行官的角色要复杂。这就是为什么本章的内容尤其针对经理和团队领导人的原因。任何人都可以像我们在上一章中所做的那样，从观察他们是否为“修理工”“奋斗者”或者“好朋友”中受益。但是，下面将要介绍的 5 种员工典型将会帮助你更加具体地去指导团队中的每一个人，并达成更为深远的职业和个人成果。

在我们进入下一个话题之前，我想先分享我有过的两个担心。我首先担心的是，引入一个人们可能会用来对别人进行分类而且不把对方当人看待的人格分类系统，这种情况我已经在很多同类的工具中屡见不鲜。这也是我对是否把本章和“修理工、奋斗者还是好朋友?”的内容纳入到本书中迟疑不决的原因。我的希望是把它当成一种帮助你团队中的人实现人格成长的一种资源，其中当然也包括你自己。换句话说，一定要小心不要把界线给模糊了。最后，我还是决定把这两章纳入到本书中，但是我在此声明：在使用本章的观点时请一定万分小心。对于如何应用这些观点，请随时给我发电子邮件寻求帮助。

我的第二个担心是对某些实际上非常复杂的东西过度地简单化了。复杂性有两种表现形式。首先，你会发现团队里的成员没有恰好完全符合 5 种典型中的某一种——就像大部分领导人都不仅只是“修理工”“奋斗者”或者“好朋友”一样。使用这些工具中你需要的任何方面，不要在意其他。请相信，如果你现在放走了一种重要的因素，它稍后会回到你的身边来，因为你需要它。复杂性的第二种表现形式就是两种系统间的相互关联。例如，作为团队领导人，“修理工”模式可能最适合于用来描述你，但是在你与老板的关系中，你却扮演着破坏者的角色。那么，在工作中，到底哪种典型会帮助你成长呢？当你在作为一个领导，管理自己的时候，使用“修理工”“奋斗者”“好朋友”，而当你看着站在桌子对面向你报告的人时，使用5种员工典型。“修理工”“奋斗者”“好朋友”讲的是你如何与“做”权威扯上关系。5种典型讲的是你如何与“拥有”权威扯上关系。

5种典型

问责是一个私密的过程。在做一个有帮助的导师与推动某人超越他们已经为今天（明天可能会非常不一样）准备好的成长之间，有一层薄薄的纸。当你给我们每天都随身携带的与权威人物有关的精神包袱添加内容时，自然会想要扭头而去，把员工发展的工作留给别的人。5种员工典型的设计目的就是给你一个以不同的方式进行考虑的框架。你将学会用一种主要靠激发出他们的优点而不是对他们的缺点喋喋不休的方式，让团队中的每一个成员为自己的成长负责。

团队中的每一个人走进这个办公室的时候，都有自己独特的个人历史、深信不疑的价值观、个人的痛苦，当然还有希望和梦想。在不磨掉任何人具体的美好人性的情况下，这些年里，我看到了有 5 种行为模式展现出来。每一种都综合了我职业生涯中所遇到的不同的人的情况，他们有为我工作的，有我为之工作的，也有我们一起工作的，而且他们也受到了这一路以来中我作为导师和教练所服务过的那些经理和首席执行官的影响。

在你学习这些典型的过程中，尝试在其中找到你自己。在不急于给任何人分类的前提下，看看哪种典型会让你想到团队中的哪个人。也想一下老板，甚至你私人生活中的那些人。你的视野越开阔，就越有可能热情谨慎地应用这些典型，并且心甘情愿地通过它们去遇见别人。这里是我们大家都能够成长的唯一的一个地方，而且遭受滑回到过去的习惯的痛苦最少。

“实用主义者”

这些典型中不存在哪个更好哪个更坏的问题，但是“实用主义者”型的员工在被经理批评的时候一般比大部分人都要更容易过关。他们认为，基于自己的个人经历，对于权威，本来就没有什么需要质疑的。他们很可能在生活中已经有了强势的指导者，或许是有用正确方式鼓励他们的父母。

“实用主义者”型员工的优点就在于能够在没有不必要的戏剧性的情况下将想法和工作付诸实施。他们知道如何埋头把事情干了。他们很有条理。他们很会考虑队友的感受和面临的挑战。他们寻求妥协并且喜欢与不同类型的人一起工作。他们尤其喜欢创造性的那一类工作。他们会被创新型的人所冒的风险激发出兴趣，而且从他们身上更多地看到了自己想要成为的那种人的影子。他们知道自己能够帮助创新型的那种类型的人把他们的创意落地，让这些创意更贴近现实，更加快捷地实现。

正如你会看到在每种典型中出现的情况一样，“实用主义者”型员工的挑战，就存在于他们自己觉得舒服的那种动力的镜像中。“实用主义者”型员工有意愿去解决问题，给别人创造空间，并且找到一种适合所有人的办法，他们愿意让自己的声音最无足轻重。他们喜欢在团队会议中缩在后面，认真倾听而不插话，这是一种可敬的品质，但是也有巨大的局限性。当他们有不同意见的时候，不太会足够强势地回怼回去，反对那些拥有权威的人的想法和动议，而且随着时间的推移，他们的沉默会逐步发展成为愤懑。他们能看出逻辑上的漏洞和徒劳无功的工作，而且，对于事情可以如何以不同的方法完成，他们背地里通常都有非常坚定而且有价值的想法。但是，他们总是把这些憋在自己心里。

帮助“实用主义者”型员工的最好办法，就是挑战他们去拥有这些隐藏的优点。尽管这听起来好像不那么靠谱，帮助倾向于这种习惯的人的办法，就是不再用他们已经做得很好的那些事情来考验他们。他们不需要再因为及时性、协作的意愿以及专业态度得到更多的赞誉。他们需要因为打破自己的壳、大胆讲出成形一半的想法而不是等到尽善尽美而得到赞誉。他们都需要身为他们的经理（或者导师，等等）的你的帮助，促使他们按照这样的方式去做，因为往往要等事情过后很久，他们才会看到这样做的价值。

给他们分派工作，扩展他们的创新思维。强迫他们代表某个人主持一次会议，让他们不要整天忙于执行工作。为他们设定一个目标，在下个月的每一次会议上分享 3 个想到一半的主意。就下面的情况对他们问责：每周必须用半天的时间走出办公室，从事一项他们一直在拖延的创造性工作，在不做任何新的研究的基础上提出一个新的产品建议，参加网络或者行业内的活动。或许你甚至可以让他们为公司的博客写一篇帖子，谈谈如何为创造性工作时间提供空间，这样他们就得传授自己需要学习的内容了！

一句话，通过对“实用主义者”型员工不再过度依赖他们业已拥有的优势问责，帮助他们解锁创造性的那一面。他们永远也不会失去实务性的一面，他们的 DNA 里就没有懒散或者散漫的基因。他们不会把一整天时间都浪费在产生想法的模式上，但是如果他们真浪费了，对你的团队来说也不会是什么天塌下来了的事情吧？

“破坏者”

在你的职业生涯中，应该不止一次遭遇过“破坏者”型员工。他们是团队成员中的极端分子，对当前的计划和方向永远都不满意，非常确信他们有更好的想法。他们通常就是这个样子。问题在于，他们又不具备在不让队友抓狂的情况下处理好自己想法的技能。与“实用主义者”型员工相反，他们倾向于不考虑后果去过分冒险，而当需要与队友沟通的时候，他们常常掉链子。记得第四章中的谢丽尔吗？从哪方面看，她都是“破坏者”型员工的绝佳例子，我们对她采取的指导路径，就是你能够如何帮助这一类人成长的一个模板。

跟所有典型一样，对于“破坏者”型员工，在其早期的权威关系中当然也是有迹可循的，无论你是否了解他们的情况。他们非常有可能至少有过这么一位家长，在创造性方面给予了他深度的支持，或许是鼓励他从事音乐、艺术，甚至当他少年时，躲在卧室里在他的手提电脑上编程。他们被看成是具有创造性的人物，或许比其他的几种典型更具创造性。而且，与其他典型一样，这种优点是在他们的成长过程中获得的。符合这种类型的人通常都纠结于各种界限，什么时候把创造性的引擎关闭并遵守最后期限的要求、什么时候能说一项工作足够好、什么时候对他们工作的结果做深度分析后才继续下一项工作。

你能够帮助“破坏者”型员工成长的最佳方式就是给他们设定明确的界限。对他就最后截止日期、细节沟通、信守承诺等方面进行问责。在做这些事情的时候，记得对他们在这个过程中有所改进的那些小细节进行表扬，尤其是在与队友的关系方面。你将帮助“破坏者”型员工为自己难以置信的创造力找到一种合适的表达方式，以更加富有成效的方式蓬勃发展。他们将会想出一种策略，让队友跟自己一起前进。认识到自己是一个团队中的一员，这个团队中的成员都拥有能与自己形成互补的天赋，将会帮助“破坏者”型员工感觉自己不那么孤单。

因为他们过去不用为细节负责，所以，“破坏者”型员工可能是所有典型中最难指导的那种类型。你会发现自己不得不做一个恶人。你可能会觉得自己在泯灭他们的创造力，而且还是那种最坏的冷血官僚。其实你不是。如果你承担起帮助“破坏者”型员工成长的挑战，那么你所做的就是赋予他们一种以前还不具备的优势。一个人越是具有创造力，他就越需要有各种界限和一个容器，让创造力可以从中出现。他们可能暂时会乱踢乱叫，就像我这个不打自招的“破坏者”型员工在职业生涯中不止一次做的那样，但是，他们将永远不会忘记你给予他们的这个礼物。

“保护者”

我们大家都纠结于如何把自己的感受带入到职业生涯中，但这种纠结正好就是“保护者”型员工的定义。他们是极富同情心而且很伟大的团队协作者。他们一般都会让自己身处的房间蓬荜生辉。无论什么时候我只要想到“保护者”型员工，就会想到维多利亚（Victoria）。维多利亚在我于21世纪初参与创建的一家清洁能源风投企业的法规事务部门工作。她的任务是负责复杂的利益相关方（政府机构、输电规划委员会、社区组织等等）的事务，在为期数年的工程开工许可申请的过程中，我们时时刻刻都在与这些机构保持着紧密的联系。在她的统筹下，这项工作看起来基本上好像都轻而易举，在这些错综复杂的规章中她表现得游刃有余，就好像这些都是一些已经存在很久的法规似的。她总是笑盈盈的，而且我从来没有听到任何人说过她一句不好的话。

维多利亚的挑战出现在她的私人生活里，一般来说这本来不关我什么事，但已经成为影响到她工作的情感过山车。在大约 1 年的时间里，这个问题并没有引起大家的特别注意，但是当问题开始失控的时候，在一系列的谈话中，她向我坦白了她的兄弟进了趟康复中心，她的父母已经退休，父亲的健康也有问题，家里的重担都压在她一个人的身上，已经远远超出了她的承受能力。

问题不是这些事情要让维多利亚承担，而是这些事情开始影响到了她的工作。从一份重要的申请文件上的一些由于粗心而出现的错误开始。最后时刻的紧急状况造成她错过了好几次法规会议，尽管这些对我们来说并不是强制性必须参加的，但对我们业务肯定能够有所帮助。压倒骆驼的最后一根稻草是她与当地社区的一位有影响力的委员之间就有关我们一个工程的电子邮件发生的对峙，我不得不说这位老兄真的是个混蛋。这个时候我知道必须得出手干预了。

维多利亚所需要的，也就是“保护者”型员工所需要的，就是一个感同身受的空间。他们需要有人（不一定是经理）让他们知道，在家里经历一些麻烦仍然是可以回来好好工作的。事实上，只要能够在工作期间学到某些处理原始情绪的技能，那么对于挺过个人的困难时期来说，参与到工作中可能是最好的解脱。“保护者”型员工与早期权威之间的关系值得在此做些讨论。他们做事之所以采取克制的方式，是因为不管出于什么样的考虑，他们在家里通常就是以这种方式做事情。他们为了别人而压抑自己的情绪，表面上表现得风平浪静，但是在这个过程中太过于忘我。从这个角度看，这就是让维多利亚在工作中表现很好的原因，但是另一方面，当达到自己极限的时候，也是让她脱轨的原因。

支持感觉上符合“保护者”典型特征的人成长的最佳方式，就是找到办法，让他们安全地把更多真实的自我带到办公室里。这项工作或许就是从你开始。这一点对所有人来说都是一样的，但是对“保护者”类型的员工尤其如此：只需要通知他们将要经历艰难的一个星期并且说点什么，你就可以给予了他们一份不可思议的礼物。“嘿，好像你现在手头有一大堆工作。只是想告诉你没事的，而且如果你需要什么的话，我就在这里。”在正确的时刻，你可以挑战一下“保护者”型员工，让他们在团队里表现得更加透明一点，不是关于正在做的事情的具体内容，而是关于总体性的框架。“嗨，朋友们，想告诉你们一声，我有些工作之外的麻烦事情要处理。我兄弟星期天的时候又回到康复中心了，所以这个星期我会有点心烦。可能也没什么事，我只是想让你们心里有个数。”

正如我在自己的以及其他人的生活中已经多次留意到的，当维多利亚以这种不起眼然而却完全不设防的方式打开心扉的时候，尤其是由于她一贯的为人，团队又回到了她的身边。那一个星期不止一个人主动走近她，看看能够帮她分担点什么工作，或者只是又重新考虑是否还要把她纳入她不一定需要参与的电子邮件群里。在我们的单独交谈中，我尽到了为所有有关的事情创造空间的职责。有时候她会主动讲一点工作以外的那些事情的进展情况，当然只是一般性的问题。有时候，当我知道她不太愿意主动讲的时候，我会问，目的是确保她知道那其实没什么关系，而且工作以外的那些麻烦事情不是她必须一定得解决的。

只要在我们走出办公室的门的时候，维多利亚仍然能够对现实保持开放的心态，我们的情感没有消失，那就没事。对于就要发生的事情她有了一个出口，在她工作的过程中就不会有跑偏的情况发生。

在工作中敞开心扉并不意味着所有时候都要外向地表达情感。事实上，它总是意味着能够透明地分享你正在经历的事情，而不是把它藏在自己的袖口里，假装不存在。下面两种情况是不同的，第一种，对你的队友整天没好气或者冷嘲热讽；第二种，说："嗨，朋友们，我现在有个烦心事真的让我很难受。跟你们都没有关系，但是如果我今天有点特别的烦躁的话请你们告诉我，我会改正的。"与情绪外露不同的情绪透明（说出自己的感受而不是表现出来）是建立健康的团队和文化氛围的关键。感情不是不必要的，只有戏剧性的冲突是不必要的！

对"保护者"型员工的指导过程，就是让他们体验拥有感情和职业化地处事不是两种截然不同的事情。它们是统一的。当他们把自己丰富的感情世界整合起来，囊括了痛苦以及一切，"保护者"型员工就会成为真实的自己，并且从你以及他们周围的所有人身上获得新的礼物。或许在他们的一生中第一次不用由自己把一切都扛起来。你能够想象把这样一个礼物送给你团队中的某个人吗？

“调和者”

杰西(Jesse)在我不久前服务的一位客户那里负责公共关系，这是一家小型但成长性很好的位于西雅图（Seattle）的土木工程公司。在负责对接一家大型机构的岗位上工作了很短一段时间之后，她就转到了负责内部的工作协调岗位上。她专注于帮助这家工程公司提升形象，增加赢得更大而且利润更为丰厚的合同的机会。杰西是第4种员工典型的绝佳例子：“调和者”。

尽管我与杰西的直接接触时间很短，但是在与她的经理较长时间内一起工作的过程中所面临的主题是持续的：她不知道怎么说“我不知道”，而且老板在场的时候问题尤其严重。起初，她的新团队觉得她简直就是天赐之物，她会把自己看到的所有事情都揽过来，并且处理好。但是，一段时间之后，问题开始显现。她只是在揽事情，但是并不能真正处理好。不是因为她不想处理好，而是因为她缺乏该具体任务所需的各种技能，或者说不具备处理该项任务的背景。举个例子，她没有信心说，“是的，我很高兴来处理。但是有个问题。这个说起来是有点尴尬，尽管我有处理过很多合同的背景，而且我也知道这也是你们聘用我的原因，但是我之前从来没有真正地谈判过这种具体类型的合同，不懂里面的门道。在这第一份合同中，如果我参与进来，给你比平时更多一点的支持，可不可以呢?”为了避免潜在的矛盾或者尴尬，杰西假装她懂自己其实不懂的事情。她想当然地认为自己在这里的价值是拥有正确的答案，而不是提出了正确的问题。

就像名称所透露的，“调和者”与权威的早期关系，会以比其他类型更加暴力或者更具攻击性为特征，而且这也告诉了我们他们在多年里养成了什么样的工作风格。无论是什么原因，他们已经学会掌握了能够在不造成进一步侮辱或者伤害的情况下从矛盾中抽身的艺术。这是一种令人羡慕的优点，能够像他们解决私人矛盾一样地减轻职场上的风暴。但是，过分依赖这种优点也会带来成本。从经理的角度看，在你团队中有“调和者”型员工的话，你很难知道他们的立场。队友也同样很难知道他们的立场。由于别人很难读懂他们，他们就总是让其他人担心会打扰他们，或者让别人整日里总是感觉如履薄冰。在当今的这种快节奏之下，大家通常得围绕着“调和者”工作，因为他们无法相信自己会问出有关他们不知道的事情的问题。

尽管不是他们的本意，“调和者”很可能会把疑虑与不确定带入到他们的经理和同事的心里。不是他们不认真思考、不努力工作，也不是说他们没有创造力，而是作为他们特点的故弄玄虚（而且通常自己并没有意识到），严重破坏了大家对他们的信任。或许颇具讽刺意味的是，“调和者”可能是 5 种典型中最难帮助到的一种。因为“和”尽管表面上听起来或许有些好的意味，但是对于一个成长型的组织来说却是一个令人憎恶的目标。镇定的感觉和总体的秩序是另外一回事。但是，“和”意味着没有纷争。而在一个组织里，没有纷争是一件非常不好的事情。

帮助“调和者”成长的最佳方式就是尽可能缓和地与他们开始一场有关固有习惯的谈话。寻找你在“调和者”身上看到的让他们沮丧或者气恼的最为细小的那些沙粒，并把它们放大，让你的“调和者”意识到感觉沮丧或者气恼是正常的，而且更为重要的是，让别人知道他们的行为如何影响到自己是正常的事情。一定要慢慢来。让他们经历一下当你需要跟某个人进行一场艰难的谈话时你所经历的那个过程。事后跟他们一起回顾这个过程，留给他们足够的空间来谈论这个过程，向他们证实健康的纷争会带来亲密和联系。帮助他们释放太长时间以来一直禁锢着他们的那些事情。

在他们已经做好了准备而且你已经跟他们事先进行过一些讨论的前提下，你可以让“调和者”做的一个练习，就是让他们列出自己感觉沮丧的所有事情的清单，并与团队中的其他人分享。“调和者”对于不十分正确的那些事情拥有巨大的洞察力，而且，如果你找到方法把这种优势从他们身上激发出来的话，大家都是赢家。要求他们：“请列出你在这里工作最不喜欢的 10 件事情，我们没能正确地为客户做的 10 件事情，作为领导团队我们坐失良机的 10 件事情。”他们需要鼓励，但是他们秘密地爱着这种练习，以及允许以之前从来没有过的方式发挥自己的特长。

“执行者”

5 种典型中的最后一种是“执行者”。“执行者”型员工是团队中精于某种特定技能的成员。这种技能可以是偏向技术性的，比如熟练使用某种编程语言，也可以是偏向关系维护型的，比如像知道如何按照人性的方式跟沮丧的客户交谈。无论他们的特长是哪一种，“执行者”型员工都是经过磨砺和打磨才达到他们职业生涯中所处的位置上的。他们对于那些很被老板看重的细节非常重视而且高度关注，这帮助“执行者”型员工在整个职业生涯中获得并保有了工作，并且让企业能够维持运行。

“执行者”型员工的挑战存在于当代职场的动荡本质上。在当今的办公室里，无论你拥有什么样的技能，该项技能都必须随着科技的变革以及剧烈变化的一系列新的消费者期望和体验而转型和改变。不学会适应，“执行者”型员工就会面临被他们一贯的做事方法卡住的风险。压力之下，他们会更加倚重于自己的技能而不是对新的经验和知识敞开胸怀。以某种悖论的方式说，“执行者”型员工最大的挑战就是无法让他们的技能以能够足够长地昂首挺胸以及足够持续地保持进步的方式获取。

帮助“执行者”型员工变得更加灵活而且更具适应性，能够产生戏剧性的个人效应。我记得有这么一个人，他在我的一个团队里工作了几年，符合“执行者”型员工的模式，通过在工作中的不断发展，重新激发了几十年之前就已经丧失的冒险精神。当你像“执行者”型员工一样擅长于某事的时候，很容易觉得自己并不属于那种情况，或者觉得别人不懂或者不欣赏你独一无二的才能。能在生活中拥有一位能够透过你的眼睛看世界的经理或者导师，会改变你的命运。

与其他的典型一样，早期的权威关系如何影响“执行者”型员工的习惯也是值得考虑的事情。父母一方或者双方可能是他们效仿的楷模，这样的父母往往精于某种具体的手艺，一种确保他们在成长过程中衣食无忧的技术技能。与这些正面的信息相辅相成的还有另外一种情况：认为手艺之外的工作都没什么太大的价值。当涉及到商业关系，尤其是与队友的协作以及对投入多少资源到不同工作中的妥协时，早期权威人物可能让“执行者”型员工有了先入为主的概念。“执行者”型员工会把这些事情看成阻碍他们技能的政治和官僚作风，而不是建立伟大团队和亲密的职业关系的一个必要部分。

帮助“执行者”型员工的最佳方式是告诉他们，与团队保持这样的距离他们将要付出的个人代价。不同于“调和者”和“保护者”，因为这两者都倾向于极度关注别人的内心世界，“执行者”型员工倾向于不对别人给予足够的考虑。通过邀请他们参与协作性的工作，或许领导一次团队会议，温和地鼓励“执行者”型员工走出他们的孤独倾向，进入到与他人协作的快乐之中。让他们提出由其他人负责技术工作的想法，你会在这个过程中发现一位好经理：学会给别人做出漂亮的工作打开空间的“执行者”型员工，能够成为一名杰出的团队领导人或者总经理。

在本书中的所有工具和想法的应用上，包括这5种典型，一定要提前几天甚至几个月跟大家一起进行试验。一定要跟团队就此进行讨论。不要搞得神神秘秘。如果你觉得团队中的某个人符合某种典型的描述，为什么不跟他分享，并了解一下他是怎么想的？或许另外一种模式更加符合他的情况，或者由此引发了对某个完全不相干的事情的谈话。通过以这种方式展开谈话，你将排除使用人格工具和评价时通常会出现的那种被分类或者被评判的任何不必要的感觉。你会吃惊于大家在其自我成长中是多么的有趣。我在职业生涯中已经被惊吓了不止一次，因为看到某个我一度认为对认识自己没有兴趣的人，一旦我让他们放心地谈论这个问题时，对自己的成长就变得非常有想法。

最后的一点想法。尽管5种员工典型和3种领导典型能够带来重大的个人发现，你的工作还是应该聚焦在那些与工作相关的发现上。简单说来：询问过去的问题，或者为什么某人学会按照他现在的这种方式与权威相处，不是你该做的事情。因为你哪怕让他们感觉到有一点点的被强迫分享这些内容都是越界的。领导人和经理过分分享工作以外的个人历史和挑战也都是超越范围的。这是对领导角色的坦荡和透明的一种严重的错误理解。你通过真实对待内心的想法，有意识地选择相关的以及合适的内容大声说出来，就为团队建立起了榜样。这是确保你不占用太多空间，把大量的空间留给团队中每一个人的挑战、成长和梦想的另外一种方式。

底线：做这件事情的时候一定要围绕工作进行，其他的事情就让它们自生自灭。对于你如何看待那些影响到工作目标和指标的个人纠结，要尽量具体。这样做不会让你的反馈显得冷漠而且没有人情味。它将会帮助以大家都能够联系得上的真实的例子树立起榜样。他们的行为如何让别人工作起来更加艰难？它如何让消费者沮丧，或者要求你的介入，这样就让你不得不放下那些你需要做的事情？最后但肯定不是最不重要的是，由于做了让他们距离下一次升职更远而不是更近的事情，如何阻碍了他们的进步？

投入到每一个个人成长的过程中，你将会在我们的这个世界上创造出一个珍贵而美丽的事物：一个由以投入到对集体目标的热情追求的方式追求自我的个人利益的一群人组成的团队。通过愿意去一一了解他们每一个人，而且也让他们了解你，你就能培养出这样的团队来。你有能力帮助他们通过在你的组织里所从事的工作，更加接近他们个人梦想的实现。

从这个角度说，任务简单但不容易。让你的关注点以及他们的关注点不要放在检查已经完成的任务上，而要放在寻找根本的原因上。让他们为自己的行为负责，不要放任他们去寻找借口或者怪罪体系。让他们知道，承担自己工作的责任与承担自己生活的责任是完全一样的事情。

第十四章 转变，是手段不是目的

因为事物有它固有的方式，

它不会停留在固有的方式上。

——贝尔托·布莱希特（Bertolt Brecht）

我们生活在一个很有意思的时代。我们不是有这种感觉的第一代人，但是我们身处关键的时刻。这里说的不是无休止的战争，战争总是件不幸的事情。这里说的也不是科技或者社交媒体，尽管显而易见这让我们有更多的工作要做，需要搞清楚如何以一种让我们感觉更加人性而不是相反的方式与现在手上的这些工具建立起联系。而且，尽管我对气候变化的话题充满了热情，但是我所认为的关键点绝对也不是天气。这里说的其实是天下所有事情的融合，所有这些势不可挡的力量如何集中在一起，以一种只要心智正常的人就不可能无视的方式展现在我们自己的面前。我们必须得对自己的选择负责。

我们会被邀请去照镜子，以停止自我毁灭的做法，而且很快就会看到不那样做的后果。你可以把它看成是消沉的，而且不抱希望。或者，你可以把它看成是本身存在的最伟大的天赋和挑战。我们如何适应这个极度快速而且联系的紧密程度呈几何级数增长的世界，而且能以我们留在这个星球上的足印同时又不断减少的方式来实现？这是一个挑战，要求我们竭尽全力，有尽可能多的人参加，以我们尽可能快的速度加入。这就让我们陷入一个悖论之中。

这个悖论包含于这个词语里：转变。这个词在本书里反复出现，但是一直还没能有机会具体地聊聊它。这是一个很复杂的词，属于我们常常认为自己知道它的定义，但实则不然的那种类型。但是关于转变，有一种感觉我们大家基本上都会有，就是尽管我们已经了解得更多了，但还是顽固地死抓住不放手。我们希望转变来得快一点，但是它不会，这里说的不是我们在本书里讨论过的那种个人的转变。但是，问题不是想要转变来得快一点。问题是为什么我们想要它来得快一点。当转变真的是一个正在发生的过程的时候，我们把它看成是为了让自己变得更好而必须得去的目的地，这个过程通过学习我们是可以与之共舞的，经过一段时间之后，它能让我们变成更好的自己。转变不是我们要去的地方，而是我们要成为的自己。

当我们真正发生转变的时候，通常都会有这种奇怪的感觉，“就这样啊？就只是这么回事吗?”那是因为，在那个时刻，我们已经克服了对与转变本身共处的抗拒情绪。我们要做的新事情，或者我们存在的新方式，通常都不是什么重大的事情，也不是其中艰难的部分。艰难的部分是对过去释怀的意愿，尤其是当我们糊弄自己，以为我们已经拥有了的时候。转变并不是不舒服的事情，但是对转变的展望真的是很不舒服。按照定义来说，转变不是我们通常习惯的那种情况。它没给我们踏实的感觉，那种我们习惯的确定而且尽在掌控的感觉。而且，就在这里，在对确定和熟悉的念念不忘中，就有进入生存时最困难、最有收获的那一面中的机会：学会心平气和地接受自己不懂的这个事实。

我们毕生都奔跑在另外一个方向上，感觉自己拥有答案，也可以说是需要答案，认为我们知道自己要去哪里，也可以说想知道要去哪里，而且还准确地知道到达那里将会需要多长时间。我们付诸的大大小小的努力，也只给了自己一点点确定之感。这让讽刺意味更加浓厚，因为当我们在森林漫步，或者周末的上午趁孩子还在熟睡之时端着杯咖啡静静地坐着，找到哪怕一点点未知世界的适意时，发生了什么？我们放松。我们呼气。我们知道那样也行而露出微笑，当然，其实一直都是这样的。那就是我们。这就是生活。我们是有史以来最伟大的神秘故事中的人物，这个故事仍然还在往下续写着。

当我们允许自己没有答案的时候，我们感觉更像自己，因为我们是诚实的。我们以没有答案的方式，对所有的创造性和创新源泉敞开了胸怀。我们与之相处得越是舒服，我们就越是能够接受与它之间的关系，而不是假装我们解决了它，得到了更好的东西。我们不仅只是变得更有激情，或者更有创造性。我们变得更像自己。只有到这个时候，我们每个人心中的领导才会出现，自然而然地，没有太多的压力也没有太多的担心，就是你，说你所想，感你所感，做你认为正确的事情。

这是你去工作时每天都要做的选择。无论你是上个星期刚从学校毕业，还是在过去 25 年里一直担任着跨国公司的首席执行官。你可以选择怀疑确定性，现在而不是以后，不把担心当作封闭的理由，而是开放的提醒。

我希望本书启迪了你，让你有了新的想法，还有了想尝试的新东西，而且将挑战自己，成为自己世界里的一个优秀的权威。无论你是一个 3 人小组的领导、带领上万人的首席执行官，还是一个孩子的家长。真正的领导力是以两种方式送出去的礼物：通过帮助他人做同样的事情，你变得超越了你自己。通过到每个人所处的地方去接触他们，促使他们进步一点点，让他们知道当他们跌落的时候你就在那里，你做到了。不要去拦下他们来，告诉他们不要有糟糕的感觉。而是帮助他们找出为什么会这样的原因，坚定自己的信心，并且再一次去尝试。然后，当他们做足了准备，当他们奋力一跃，并意识到自始至终他们都能够掌控了，你就可以松口气，并跟他们一起庆祝。

当这些时刻全都成为过去，去大办公区里走一走……环顾一下四周……一切从头再来一遍。

最后一点想法

“工作与生活平衡”这个概念总是在折磨我。我想这是因为我在 1994 年给父母打的一个电话所引发的。我的大学生活即将结束，而且我对父母发誓永远不会找一份朝九晚五的工作。在之后的 25 年的大部分时间里，我都没有能够信守诺言。但是“工作与生活平衡”对我的折磨却自始至终一直没有停止过。我从来没有能够咽下这个感觉上好像有一大块的顺从包含在其中的苦果。或许那种顺从就藏在忤逆的背后。我一直想生活在这样一个世界里，在那里，我的工作和生活是合二为一的。而且，如果你已经走到了这一步，我肯定你也会有同样的感觉。

我根本就不是个工作狂。每天下午都会打个盹，只要有机会就会跑出去，在温暖的大海上踏上桨叶式冲浪板，观看脚下漂浮的海龟。我不认为人活着就是为了工作。但是，“为生活而工作”也不对。我们所有人想要的应该在正中间的某个位置上。当我们找到这个位置的时候，很难描述清楚，但肯定没错。它是这样的时刻，这时我们彻底沉浸在自己的激情里，这时时间飞快而逝，这时做我们在做的工作时会让我们感觉好像我们将变得更像自己。

我把过去的20年花在寻找自己的平衡点上,从很多方面看，这 20 年就是我整个的人生。这个过程中，曾经有过很多的艰难险阻。我用了很长时间才接受，这些艰难险阻是我进入一个有意义的人生的代价。认真对待我们的价值观，做起来比听起来复杂太多。

“我是谁”是我的毕生所学的内容。我就是我犯过的所有错误。我是我最大的成功和幸福。我在这个过程中遇到了很多导师，有些名气很大，有些默默无闻，有些甚至连我的名字都不知道。由于他们，我今天才能站在这里，为你们书写有关什么是优秀的权威，以及如何能帮助你实现自己梦想的书籍。因为它，也因为他们，已经帮助我实现了自己的梦想。

我最大的愿望是，本书里的想法能够对一场履行承诺的新对话有所贡献，这场对话在我于 2016 年春天写下这些文字的时候开始风行，就是期望工作的世界能够成为幸福之源，能够为比现在多很多的人带来人际间的联系和意义。希望我们大家携手合作，共同为我们对自己的世界（包括工作、家庭以及超越工作和家庭）里的权威的期望建立一个新的标准。最后，我希望这本书能帮助某个地方的两个人面对面坐下来，能更加平心静气地就自己心里的某个问题进行交流。

如果我能够帮到你什么事情，请一定告诉我。

——乔纳森

致谢

作为第一次写书的作者，我不知道写作这本书并把它投放到社会上会是一个如此温馨的过程。而且列举帮助我让它获得生命的那些人的名字有多么的重要。感谢我的妻子艾利克斯（Aleks），因为你跟我分享了无边无际的感情世界；我的女儿利维娅（Livia），因为你的每一次微笑都让这个世界更加美好；我的发行人罗西特·巴贾瓦（Rohit Bhargava），因为你能看上一位首次写书的作者；我的编辑马修·夏普（Matthew Sharpe），因为从初稿起就对这本书抱有信心，并且热情地指导我走过了每一步；我的好朋友瑞克·斯奈德（Rick Snyder）和蒂芙尼·莱奇（Tiffany Lach），因为你们对最初的几稿提出了无价的反馈意见；我的父母，史蒂夫（Steve）和贝丝（Beth），因为你们具有大度和宽恕的心肠；以及最后但不是最不重要的，感谢我的好朋友伯纳德特·基瓦（Bernadette Jiwa），他 3 年来一直用一个简单的问题在对我问责：“哎，乔纳森，你的书什么时候写？”

关于作者

在20年都无法确定他到底是属于一个搞商业开发的人还是一位个人成长教练之后，乔纳森干脆不再想着去弄明白了。这些日子里，你会在refound.com网站上找到他的踪影，他在那里与企业主、高管和经理们一起共事，帮助他们培养你在本书里读到的那些职业关系技能。他疯狂地爱着妻子，尽量不溺爱女儿，而且对纽约尼克斯队永远不离不弃。乔纳森是EMyth的前首席执行官兼首席品牌官，在这家公司里，他领导了一个全球教练品牌的转型，而且1998年从法学院毕业之后，曾经在科技企业、清洁能源企业以及非营利机构里工作过。他生活在俄勒冈州阿什兰市（Ashland，Oregon），这是一座远离温暖海洋的可爱小城。